천부경(天符經) 바로 알기

천부경(天符經) 바로 알기

발행일   2020년 8월 14일

지은이   윤병억
펴낸이   손형국
펴낸곳   (주)북랩
편집인   선일영   편집   윤성아, 최승헌, 최예은, 이예지
디자인   이현수, 한수희, 김민하, 김윤주, 허지혜   제작   박기성, 황동현, 구성우, 권태련
마케팅   김회란, 박진관, 장은별
출판등록 2004. 12. 1(제2012-000051호)
주소   서울특별시 금천구 가산디지털 1로 168, 우림라이온스밸리 B동 B113~114호, C동 B101호
홈페이지 www.book.co.kr
전화번호 (02)2026-5777   팩스   (02)2026-5747

ISBN   979-11-6539-342-7 03150 (종이책)   979-11-6539-343-4 05150 (전자책)

이 도서의 국립중앙도서관 출판예정도서목록(CIP)은 서지정보유통지원시스템 홈페이지(http://seoji.nl.go.kr)와
국가자료공동목록시스템(http://www.nl.go.kr/kolisnet)에서 이용하실 수 있습니다.
(CIP제어번호: 2020032342)

(주)북랩 성공출판의 파트너

북랩 홈페이지와 패밀리 사이트에서 다양한 출판 솔루션을 만나 보세요!

홈페이지 book.co.kr   •   **블로그** blog.naver.com/essaybook   •   **출판문의** book@book.co.kr

천부경의 비밀이 드러나다

천부경 天符經

바로 알기

윤병억 지음

**마침내 우주의 신비가 풀렸다!
인류 기원의 비밀이 밝혀졌다!**

천부경 해석의 완성자 윤병억이
알려주는 하늘의 비밀

북랩 book Lab

머리말

오늘날 우리 민족에게는 민족의 정체성을 말해 줄 그 어떤 가치관도 남아 있지 않다. 홍익인간의 이념이 있으나, 필자는 안타깝게도 그 뜻한 바가 잘못 쓰이고 있음을 발견하였다. 그래서 타민족의 그것들이 무분별하게 혼입되어 마치 우리 것인 양 버젓이 행세하며 민족혼을 분열시킨 지 오래다.

특히, 종교는 개인의 삶 깊숙이 파고들어 영혼을 다스리므로 어떤 나라들에서는 정체성을 구성하는 데 이용되는 것이 현실이다. 유교가 그랬고, 불교가 그러했으며, 기독교와 가톨릭 또한 그렇다.

이렇듯 외래 종교들이 무분별하게 스며들어 우리의 민족혼에 상처를 입힌 지는 아주 오래다.

허나, 기세등등한 이들 모든 종교의 바탕이 된 가르침이 우리 민족에게 있었으니, 바로 『천부경(天符經)』이다.

지키지 못해 잃어버렸고, 찾으려고 노력하지 않아 외래 종교에 짓눌려 버렸으나 『천부경(天符經)』은 인류 최초이자 최고의 가르침이다.

그러나 개인마다 생각과 의견이 다 다르므로 이는 경(經)을 접하는 이의 판단에 맡긴다.

『천부경(天符經)』이 새로이 발견된 지는 별로 오래되지 않았지만, 많은 뜻있는 이들에 의해 해석이 시도되고 있다는 점은 좋은 현상이다.

경이 너무 비밀스럽고 난해하여 해석하는 이마다 바라보는 관점이 다르므로 서로 다른 해석서가 난무하는 것 또한 사실이다. 이에 추측성이 아닌 사실적 해석을 통하여 경의 진의를 전하고자 하는 데 힘쓰고자 한다.

함축된 뜻이 깊고도 광대하여 "경을 접한다고 해서 아무나 알 수 있는 것이 아니다."라는 옛말이 있듯이, 경은 보는 이의 고뇌에 따라 달리 나타내고 보일 뿐이다.

『천부경(天符經)』은 우주(태양계)의 역사이다.

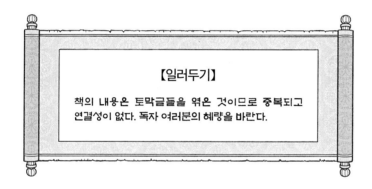

【일러두기】

책의 내용은 토막글들을 엮은 것이므로 중복되고
연결성이 없다. 독자 여러분의 혜량을 바란다.

차례

1
『천부경(天符經)』이란 무엇인가

옛부터 전해져 오는 민족의 3대 경전은 『천부경(天符經)』, 『삼일신고(三一神誥)』, 『참전계경(參佺戒經)』이다.

『천부경(天符經)』은 환인이 아들 환웅에게 내렸던 천부인 (天符印) 세 가지 중의 하나인 용경(거울)의 뒷면에 녹도문자 81자로 적힌 글로써, 처음에는 구전되어 내려오다가 훗날 신라의 석학이었던 최치원 선생이 보기 쉬운 한자로 번역하여 태백산 암벽에 새겨 놓았다고 전해지며, 인간 세상을 다스리는 지침서와 같은 글이다.

총 11수[1]의 구절로 이루어져 있으며, 우주(태양계)의 생성
과 완성 과정이 담겨 있고, 생명체의 귀중함과 사람의 역할
을 밝히고 있다.

그리고 『삼일신고(三一神誥)』는 『천부경(天符經)』의 해설서
와 같은 내용이며, 『참전계경(參佺戒經)』은 부록 같은 성격을
띠고 있다.[2]

우리 민족의 건국이념인 '홍익인간'도 『천부경(天符經)』에서
비롯되었다.

그 옛날, 환인상제가 아들 환인천제(땅에서는 환웅천왕)를
통하여 사람들을 잘 다스려 뜻한 바를 이루려고 내린 통치
이념이다.

『천부경(天符經)』은 우주 속에서 지구의 가치와 역할을 일
러 주고 사람에게는 그것을 위한 올바른 행함을 가르치는
지침서이자 명령서이며, 나아가 인류의 존속을 위한 구원
의 메시지이다.

---

1)   13수, 혹은 그 이상으로 보는 이도 있으나 그것은 끊어 읽기가 틀린 것이다.
2)   『천부경(天符經)』을 이해하는 데는 『삼일신고(三一神誥)』가 큰 도움이 된다.

현생 인류 최초의 민족인 우리 민족을 통하여 지구 위의 모든 사람에게 전하여 지키도록 하였던 것이다.

어쩌면, 21세기에 환경 폐해가 극을 치닫고, 사람다움이 사라져 갈수록 삭막해지며, 악이 가득한 현대에 사는 사람들을 향해 그 옛날 태곳적에 이미 경고했던 것일 수도 있다.

2
『천부경(天符經)』해석

81자로 이루어진 『천부경(天符經)』은 다음과 같다.

1) 원문

天符經
(천부경)

一始無始一
(일시무시일)

析三極無盡本
(석삼극무진본)

天一一地一二人一三

(천일일지일이인일삼)

一積十鉅無匱化三

(일적십거무궤화삼)

大三合六生七八九

(대삼합육생칠팔구)

運三四成環五七

(운삼사성환오칠)

天二三地二三人二三

(천이삼지이삼인이삼)

一妙衍萬往萬來用變不動本

(일묘연만왕만래용변부동본)

本心本太陽

(본심본태양)

昂明人中天地一

(앙명인중천지일)

一終無終一

(일종무종일)

2) 해석

"우주는 아무것도 없이 시작한 우주이다.

삼극으로 나누어지나 근본은 없어지지 않는다.

창공은 하나이고 별은 둘이며 생명체는 셋이니라.

우주는 열 개의 거대한 별을 먼저 이루고 공간이

부족하여 남은 기운은 생명체로 변화되었다.

화성, 목성, 토성, 천왕성, 해왕성, 무명(無名)성이

천·지·인 변화의 조화로 수성, 금성, 지구를 탄생시키고,

토성과 천왕성이 운행하여 지구와 목성의 대기권을

만들었으니,

창공도 생명체요, 별도 생명체며 사람 또한

생명체에 속한다.

우주는 수만 가지의 기운이 기이하게 서로 흘러 변하면서

쓰이나 근본은 움직이지 않으니,

그 근본의 본성은 태양이 근원이다.

창공과 별 사이에 생명체가 으뜸이니 이를 높이 여겨

빛나게 하라.

우주는 아무것도 없이 끝나는 우주이다."

3) 뜻풀이

수많은 우주의 시간으로 태양계가 이루어졌고 그 존재는 끝없는 비밀 속에서 탄생한 거대한 별들이 저마다의 자리에서 역할을 다할 때 온전할 수 있으며 생명체의 탄생은 그 역할을 위함이다.

지구 또한 그러하다고 하셨다. 고유의 빛인 푸른빛을 지키는 일이다. 모든 생명체가 고유의 빛(가치)을 잃지 않는 것을 일컫는다.

신(神, 하느님)께서 큰 능력으로 인간을 보이신 것은 그 빛이 온전하기 위함이며 이를 위한 사람 훈육의 가르침이 『천부경(天符經)』이라 하셨다. 사람을 다스려 뜻한 바를 이루려 함이다.

우주(은하) 속에서 태양계의 존재는 그 안의 생명체의 역할이 가장 중요하며 지구의 존재 또한 그 안의 생명체의 역할이 가장 중요하므로 사람을 잘 다스리도록 내리신 가르침이다.

昻明人中天地一

(앙명인중천지일)

: "하늘과 땅 사이에 생명체가 으뜸이니, 이를 높이 여겨 빛나게 하라."

그 빛이 어느덧 사라져 가면, 땅의 사라짐도 곧 다가온다.

4) 덧붙임

인류가 가진 모든 역사, 종교, 철학, 과학, 인문학 등은 모두 다스림의 방법들이다. 이는 인류 태고사나 종교사에서도 이미 밝혀지고 있다.

지구에서의 신의 모든 역사하심은 '지구의 빛'이 영원하기 위한 지엄한 가르침이다.

죄와 벌은 존재한다. 이에 관한 수많은 증명은 그 옛날에도, 지금도, 앞으로도 존재한다. 다만 사람이 모를 뿐이다. 외면할 뿐이다.

신(神)은 인류에 대한 가장 큰 단죄를 공룡 시대를 예로 들어서 이미 알려주셨다. 인류의 그릇됨으로 모든 것이 사라지면 그 벌을 어찌 감당하랴. 이 또한 예견되어 있으니 사라짐이 멀리 있게 함이 최상일 것이다.

나와 너, 우리, 인류의 의지에 달렸음을 『천부경(天符經)』을 통해 가르치고 계신다.

3
신(神, 하느님)

『삼일신고(三一神誥)』에는 신에 대한 가르침이 있다. 즉, 신훈(信訓)이다.

1) 원문

神 在無上一位 有大德大慧大力 生天 主無數
世界

(신 재무상일위 유대덕대혜대력 생천 주무수세계)

造侁侁物 纖塵無漏 昭昭靈靈 不敢名量

(조신신물 섬진무루 소소영영 불감명량)

聲氣願禱 絶親見 自性求子 降在爾腦

(성기원도 절친견 자성구자 강재이뇌)

2) 해석

"신은 시작도 없고 끝도 없는 근본 자리에 계시며, 큰 사랑과 큰 지혜와 큰 힘으로 하늘을 만들고, 온 누리를 주관하여 만물을 창조하시되, 아주 작은 것도 빠진 것이 없으며, 밝고도 신령하여 사람의 언어로는 감히 표현할 길이 없다. 언어나 생각을 통해 신을 찾는다고 해서 그 모습이 보이는 것이 아니다. 오로지 자신의 진실한 마음을 통해 신을 찾으라. 그리하면 너의 뇌 속에 이미 내려와 계시니라."

『천부경(天符經)』에서는 이를 간접적으로 나타내고 있으며, 다음과 같다.

3) 원문

一始無始一

(일시무시일)

析三極無盡本

(석삼극무진본)

天一一地一二人一三

(천일일지일이인일삼)

一積十鉅無匱化三

(일적십거무궤화삼)

大三合六生七八九

(대삼합육생칠팔구)

運三四成環五七

(운삼사성환오칠)

天二三地二三人二三

(천이삼지이삼인이삼)

一妙衍萬往萬來用變不動本

(일묘연만왕만래용변부동본)

本心本太陽

(본심본태양)

昂明人中天地一

(앙명인중천지일)

一終無終一

(일종무종일)

4) 해석

"우주의 생성과 소멸, 생명의 탄생과 변화, 별들 간의 신비로운 상호작용 등 광활한 우주의 유기적인 조화를 태양의 기운을 바탕으로 만들어 내면서 영원한 우주의 존재를 주관하는 힘.

즉, 우주 평형을 유지하기 위한 자가 조절 능력으로서 존재하기 위한 생명 활동이며, 태양에 의해 발현되는 비의식적인 우주의 본성(본능)."

※ 다른 표현: 우주 섭리, 우주 질서, 조물주

4
신(神)과 사람의 관계

우주에서 태양계가 탄생하는 과정을 『삼일신고(三一神誥)』
는 세계훈(世界訓)에서 다음과 같이 나타내고 있다.

一神 造群世界 中火震盪 海幻陸遷 乃成見象

(일신조군세계 중화진탕 해환육천 내성견상)

: "신께서 온 누리를 창조하실 때 중심의 거대한 기운
덩어리가 폭발하여 무수한 별이 생겨나고 바다와 육지
가 어우러져, 마침내 지금과 같은 모습이 되었다."

이렇듯 중심의 기운 덩어리가 폭발하면서, 창공과 별과
인간(생명체)이 나타났다.

『천부경(天符經)』에서는 이를 이렇게 표현한다.

析三極無盡本

(석삼극무진본)

: "삼극으로 나누어지나 근본은 없어지지 않는다."

태초에 우주의 씨앗인 기운 덩어리(精靈)가 폭발하여 우주의 세 가지 기본인 창공과 별과 생명체로 변하여 나타났다.

이때, 기운 덩어리의 폭발은 비의식적인 우주의 섭리인 본성(하느님)에 의한 것이며 창공과 별과 생명체로 달리 나타났을 뿐이지 그 원천은 모두 같다.

『천부경(天符經)』에서는 이를 이렇게 표현한다.

一妙衍萬往萬來用變不動本

(일묘연 만왕만래용변 부동본)

: "우주는 별들 사이에서 수만 가지의 기운이 기이하게 서로 흘러 변하면서 쓰이나, 근본은 변할 수가 없다."

바꾸어 말하면, 본(本, 근본)이 되는 신(神)의 모습이 우주 만물의 형태와 형상으로 제각각 나타나고 있으니 생명체는 신(神)의 또 다른 한 모습이다. 무한한 신(神)의 정기를 조금씩 떼어내어 각각의 개체들로 활용(쓰임)하고 있는 셈이다.

『천부경(天符經)』에서는 사람도 인간(생명체)에 속한다고 하였으니 사람이 주어진 본성을 지키면 영생하는 신(神)과 일체가 되어 신(神)이 될 수 있다는 것이다.

최초에 나타난 수많은 생명체는 신(神)의 1차적 피조물이고, 사람은 그 피조물에 의한 2차적 피조물이다. 이 둘은 의식과 지성을 가진다.

결과적으로, 1차적 피조물인 인간은 신(神)의 아들 격으로서 천자라 부르고, 2차적 피조물인 사람은 신(神)의 손자 격으로서 천손이라 부른다.

중력이 존재하는 물질세계인 지구에서는 육신이 필수적이므로 천계의 외계 인간이 지구의 인간과 유전자를 결합하여 사람이 태어났다.

엄밀히 말하면 인간이 사람의 상위 개념이다.

다만, "세 가지의 참됨인 본성과 생명과 정기를 치우치게 받을 뿐이다."

『삼일신고(三一神誥)』의 가르침이다.

5
홍익인간

민족의 뿌리 이념이며, 이 땅을 지키기 위해 목숨 던졌던 선열의 이념이자, 교육의 이념으로 이어져 나아가 민족의 얼이 된 이 이념의 유래는 『천부경(天符經)』에서 찾을 수 있다. 그러나 그 진의가 잘못 전해져 쓰이는 것은 안타까운 일이다.

이해를 돕기 위해 경(經)에 설명을 덧붙였다.

1) 원문

天符經

(천부경)

①수: 一始無始一

(일시무시일)

②수: 析三極無盡本

(석삼극무진본)

③수: 天一一地一二人一三

(천일일지일이인일삼)

④수: 一積十鉅無匱化三

(일적십거무궤화삼)

⑤수: 大三合六生七八九

(대삼합육생칠팔구)

⑥수: 運三四成環五七

(운삼사성환오칠)

⑦수: 天二三地二三人二三

(천이삼지이삼인이삼)

⑧수: 一妙衍萬往萬來用變不動本

(일묘연만왕만래용변부동본)

⑨수: 本心本太陽

(본심본태양)

⑩수: 昻明人中天地一

(앙명인중천지일)

⑪수: 一終無終一

(일종무종일)

먼저, 직역해 보면 다음과 같다.

2) 직역

①수: 하나는 아무것도 없이 시작한 하나이다.

②수: 삼극으로 나누어지나 근본은 없어지지 않는다.

③수: 창공은 하나이고, 별은 둘이고, 인간은 셋이다.

④수: 하나는 열 개의 큰 덩어리를 쌓았고, 공간이 부족
하여 인간으로 변화하였다.

⑤수: 큰 셋과 여섯이 합해 일곱, 여덟, 아홉을 낳았고,

⑥수: 셋과 넷이 돌아서 다섯과 일곱의 고리를 만들었
으니

⑦수: 창공이 셋이고, 별도 셋이고, 사람 또한 셋이다.

⑧수: 하나는 만 가지가 가고, 만 가지가 오며, 기이하게
흘러 변하면서 쓰이나, 근본은 움직이지 않는다.

⑨수: 그 근본의 뿌리는 태양이 바탕이다.

⑩수: 하늘과 땅 사이에 인간이 으뜸이니, 높이 여겨 빛
　　　나게 하라.
⑪수: 하나는 아무것도 없이 끝나는 하나이다.

해석에 설명을 더하였다.

3) 해석

①수: 우주는 아무것도 없이 시작한 우주이다.
　　　→ 우주는 태양계이다.
②수: 삼극으로 나누어지나 근본은 없어지지 않는다.
　　　→ 삼극은 영적세계, 물질세계, 생명세계를 의미
　　　　한다.
③수: 창공은 하나이고 별은 둘이며 생명체는 셋이니라.
　　　→ 중간 '일(一)'은 '같다(=)'의 의미이다.
④수: 우주는 열 개의 거대한 별을 먼저 이루고, 공간이
　　　부족하여 남은 기운은 생명체로 변화하였다.
　　　→ 항성인 태양 1개, 행성 9개이다.
⑤수: 화성, 목성, 토성, 천왕성, 해왕성, 무명성(無名星)
　　　이 천(天)·지(地)·인(人) 변화의 조화로 수성, 금성,

지구를 탄생시키고,

→ 태양은 주체이며 생략되었다.

→ 천·지·인 변화의 조화란 ②수에서 3극이 ⑧수처럼 변화하는 현상을 말한다.

→ 무명성은 실재는 존재하나 아직 이름이 없는 별이다.

⑥수: 토성과 천왕성이 운행하여 지구와 목성의 대기권을 만들었으니,

→ 태양은 생략되었다.

⑦수: 창공이 생명체요, 별도 생명체요, 사람 또한 생명체에 속한다.

→ '이(二)'는 '같다(=)'의 의미이다.

⑧수: 우주는 수만 가지의 기운이 기이하게 서로 흘러 변하면서 쓰이나, 근본은 움직이지 않으니,

→ 태양과 행성들 간의 상호작용을 의미한다.

⑨수: 그 근본의 본성은 태양이 근원이다.

→ 태양은 큰 빛, 큰 밝음, 큰 에너지를 의미한다.

⑩수: 하늘과 땅 사이에 생명체가 으뜸이니, 이를 높이 여겨 밝게 하여라.

→ 지구에 국한하므로 가볍게 하늘과 땅을 말한다.

⑪수: 우주는 아무것도 없이 끝나는 우주이다.

  → 의미상으로 태양계, 은하계를 모두 포함한다.

'홍익인간'은 이 경(經) 중에서 핵심인 ⑩수의 '앙명인중천지일(昂明人中天地一)'과 맞닿아 있음을 알 수 있다.

"널리 인간을 이롭게 하라."

우선, 명령문이다.

누가, 누구에게, 누구를 이롭게 하라는 것인가?

경(經)이란 보고 읽고 따르라는 것이다.

지구상에서 말과 글을 구사할 수 있는 종(種)은 인류뿐이니, '**누구에게**'는 사람(인류)을 의미한다.

『천부경(天符經)』은 환인상제가 환인천제[3]에게 하계인 땅(지구)을 다스릴 때 사람을 잘 다스려 뜻한 바를 이루라고 내린 가르침으로써 경의 전 문맥에 흐르는 핵심은 지구에서 생명체의 중요성과 그것을 지키기 위한 사람의 역할을

---

3) 환웅: 지구의 이름.

환웅[4]을 통하여 전하여 가르치는 훈육이다.

경의 ③수와 ⑦수에, 창공도 생명체요, 별도 생명체요, 사람도 생명체라 했으니, '누구를'은 삼라만상의 모든 생명체를 뜻한다.

물론, 사람도 포함된다고 했으나 여기에서는 사람 외의 뭇 생명들을 더욱 가치 있게 여기라는 의미가 담겨 있다.

『천부경(天符經)』은 환인이 아들 환웅에게 내린 통치 이념이므로 '누가'는 환웅천왕이다.

여기서, 경의 ③수와 ⑦수를 함께 살펴보자.

天一一地一二人一三
(천일일지일이인일삼)

天二三地二三人二三
(천이삼지이삼인이삼)

---

4) 환인천제: 하늘의 명칭.

③수의 '인(人)'과 ⑦수의 '인(人)'의 쓰임이 서로 다름을 알수 있다.

만약, ③수에서 '인(人)'이 '사람'을 뜻하는 것이라면 ⑦수의 해석은 다음과 같다.

"창공이 사람이요, 별도 사람이며, 사람 또한 사람이다."

이치에 맞지 않는다.

③수의 '인(人)'은 우주의 1차적 피조물인 '인간(人間)'의 개념이고, ⑦수의 '인(人)'은 우주의 2차적 피조물로서 '사람(人類)'의 개념임을 알 수 있다.

그동안 우리가 익히 알고 있었던 '홍익인간'의 인간은 우주의 1차적 피조물로서 '생명체'를 의미하는 것이었다.[5]

"널리 인간을 이롭게 하라."라는 '홍익인간'의 원래 의미는 환인천제가 지구에 강림하여[6] 자손[7]을 낳고 그 자손들에

---

5) "하늘에서 강림한 환웅이 잠시 인간으로 변하여 곰이 사람이 된 웅녀와의 사이에서 단군이 태어났다."-『삼국유사』. 이때 웅녀는 1차적 피조물이고, 단군은 2차적 피조물이다.

6) 환웅이 되었다.

7) 사람을 의미한다(단군 이하).

게 땅에서 먼저 살고 있던 인간(뭇 생명)들을 정성으로 보호하고 더불어 같이 살아가면서 지구에서 인간의 쓰임(역할)이 빛을 잃지 않도록 하라는 가르침(명령)이었다.

그러나 안타깝게도 사람들은 오로지 사람 위주로만 해석하여 천제의 뜻을 저버리는 역사를 쓰고야 말았다. 그로 인한 폐해는 그야말로 엄청났다.

개미들이 싸운다.
흰개미, 검은 개미, 노란 개미, 붉은 개미….
자기네들끼리 열심히 싸운다. 정작 무엇 때문에 싸우는지는 알 수 없다.
사람이 보기에는 그저 개미들의 소동일 뿐이다.
사람들도 마찬가지다. 제 것이 최고라고 서로 우기며 피터지게 싸운다. 수많은 생명을 희생시켜 왔고 앞으로도 수많은 생명을 희생시킬 것이다.

우리가 알았던, 몰랐던, 먼 옛날 우리 민족의 가르침은 사뭇 남과는 달랐다.
온 세상의 생명들을 귀하게 여기라는 이념을 가르치는 민족이기에 그렇다.

잘 모르고 있었거나 찾으려고 하지 않았을 뿐이지만, 홍익인간은 사람이 사람만을 위하라는 것이 아니다.

왕은 하늘에서 내리기에 그의 절대 권력으로 백성들을 위하니, 무조건 충성하여야 한다고 윽박지르는 왕조도, 아니면 민주주의든, 공산주의든, 그 어떤 형태의 주의든 자기들 것만이 모든 이를 위할 수 있는 최고의 가치라고 우기면서 온갖 폭력을 서슴지 않는 정치도, 신의 계시를 받았기에 그를 추종하고 따라야만 그의 위함으로 천국, 극락에 갈 수 있다고 회유하는 종교가 있는 것도, 추앙받는 이들은 스스로 신이 아니라고 했건만 끝끝내 신이라 하며 선량한 사람들을 옥죄이는 종교가들이 있는 것도, 모두가 하늘의 가르침인 『천부경(天符經)』을 잘못 해석한 탓이다. 굳이 고의가 아니라면 사람의 무지와 오만함 때문에 변질되었을 뿐이다.

그리고 그 변질은 어느덧 하늘(신)이 노할 죄도 사람이 사하여 주는 경지에까지 이르렀다.

『천부경(天符經)』은 종교가 아니다. 가르침의 문화이다.

사람(인류)은 본성을 되찾아야 한다.

환인상제의 지엄한 가르침을 다시금 되새겨야 할 때다.

태초에 우주가 생기며
하늘과 땅이 열렸고,
그 땅 위에 너희를 만들어 살게 하니
모든 생명체를 높이 여겨 빛나게 하라.
그것이 곧 너희가 살길이며
태어나고 존재하는 이유이다.
이 또한 영원하지 않으니라.

6
민심은 천심

민심(民心)**은 천심**(天心)**이다.**

: "사람의 마음은 하늘의 마음이다."[8]

누구나 잘 알고 있는 격언이다.

그러나 누구나 잘 알 수 없는 비밀이 숨어 있다.

무리 지은 사람들이 뜻만 모은다고 해서 그것이 곧 천심
이 되는 것은 아니다.

---

8) 엄밀히 말하면 '창공'이다.

사람은 영혼과 육체의 두 매개체로 존재하며 살아간다. 이 둘 중에 마음을 통제하는 의식인 영혼이 하늘의 마음과 같다는 뜻이다.

영혼은 상계(천계)인 영적세계의 하늘이 고향이 되고, 육신은 하계(지계)인 물질세계의 땅이 고향이 된다.

"정기는 하늘에서 오고, 육신은 땅에서 난다."라는 말은 바로 여기서 비롯된 것이리라.

우주는 하느님의 1차적 피조물인 하늘과 땅과 인간으로 구분되어 존재한다.

하늘은 상계 인간[신(神)이라 불림]들이 관리하고, 땅은 하계 인간[작은 신(神)들이 관리하는 체제라고 보면 된다. 각각의 역할 분담인 셈이다.

그런데, 신들이 보니 땅에서 인간들이 못된 짓을 많이 하는 바람에 고민 끝에 사람을 만들어서 관리하게 하는 방법을 구상하게 되었고, 그리하여 하계 인간과의 유전자 결합

으로 자손을 만들었다.[9]

처음에는 상계나 하계의 모든 인간이 똑같이 진정한 신(하느님)의 정령(精靈) 조각이었으나, 하계의 인간으로부터 생겨난 사람의 영혼에 티가 생겨서 육신을 덮어쓰고 하계인 땅(대기압이 있는 곳)에 떨어졌다고 보면 된다.

신들의 욕심이 흠이 되었던 것일까?
어쨌거나 사람은 원죄가 있다고 한다.

그러나 조금만 더 깊게 생각해 보면 그것은 신들의 조건 있는 계획이었다. 사람들에게 육신의 굴레를 씌웠지만, 그 굴레를 벗을 수 있는 방법인 본성을 주어 이를 지키는 사람은 하늘의 마음인 천심을 찾을 수 있도록 했던 것이다.

"태어날 때의 본성을 지키는 사람은 죽어 온전함에 들어 긴요히 쓰인다."

『삼일신고(三一神誥)』에서는 이렇게 밝히고 있다.

---

9)   이 내용은 동서양을 막론하고 신화로 잘 알려져 있다.

우주는 제각각의 역할 분담으로 존재하고 있다.

중앙의 기운(정령) 덩어리를 폭발시켜 피조물을 만드는 것은 진정한 신(하느님)의 본성이고,

광활한 우주 속 생명체의 질서를 주관하는 것은 상계 인간들의 본성이며,

모든 생명체의 육신을 만들어 마음껏 활동할 수 있도록 한 것은 땅의 본성이다.

그리고 그 땅이 병들지 않도록 관리하는 것이 하계 인간의 본성이었지만,

그 본성을 망각하고 못된 짓을 일삼는 인간[목성의 작은 신(神)]들이 있어 뜻을 이룰 수가 없었기에 사람(초기 인류)을 만들어 대신하게 하였다.

그러나 우주는 속성을 가지기에 사람들은 신에게서 흠이 된 욕망을 물려받았고, 어느덧 그 욕망에 눈이 멀어 본성(역할)도 잃어버리고 땅의 본성까지도 빼앗아 버렸다.

사람에게 너무 높은 지능을 준 신들의 실수일까?

지능 높은 사람은 오만에 빠져 신의 명령도 무시하고, 마치 존귀한 존재인 것처럼 자만에 휩싸여 이 땅에서 자기들을 있게 한 인간을 업신여기고, 나아가서는 그 욕망 때문에 인간의 생명도 손쉽게 유린해버리는 비열한 짓도 서슴지 않게 되어 버렸다.

본성은 착하고 선함과는 상관이 없다. 역할이 중요한 것이다. 착하고 선함은 그야말로 성격이다.

사람이 사람과의 관계에서 하늘의 마음인 천심을 얻는 것은 그야말로 모래사장에서 바늘 찾기다. 아니, 그것은 불가능하다.

우리는 스스로가 그 이유를 너무나 잘 알고 있다.

땅을 발로 디디고 살아가는 생명체는 사람 외에는 인간이다.[10]

___

10) 지구에서는 그들을 동식물 등이라고 한다.

인간은 우주의 폭발로 직접 창조된 하느님의 1차적 피조물로서, 신성한 천심[경(經)의 본심(本心)]을 갖고 있다.

그들은 신의 순수한 정령 조각이며, 에너지로 치자면 고순도 청정에너지로 폭발력이 강하여 신의 입장에서는 효용성이 매우 높은 존재들이다. 즉, 쓰임이 확실한 존재이다.

『천부경(天符經)』에서는 사람도 인간에 속한다고 하였으니, 반은 이미 달성하고 있는 셈이므로 기회는 있어 보인다.

좀 더 노력하여 제 역할을 다하면 굴레를 벗어 버릴 수도 있을 것만 같다.

진짜 인간과 같은 마음들이 되어 보는 것이다.

그들을 성심껏 가꾸고, 보살피고, 사랑하면서 교감이 이루어질 때, 사람의 마음도 하늘의 마음인 천심과 같아지는 것이 아닐까.

결코, 거창한 일도, 내세울 일도, 어려운 일도 아닐 것 같지만, 선뜻 그럴 수 없는 것은 달콤한 과학 문명의 편리와 향기로운 유혹에 영혼이 병들고 있기 때문인지도 모른다.

우리는 "민심은 천심이다."라는 격언을 거울삼아 왔던 민족이었다. 그 옛날부터 본성을 지키려 애썼던 민족이었다.

그러나 오늘날 외세에 찌들어 본성을 망각하여 그 격언은 모르는 이들의 낯선 구호 정도로만 여겨지고 있고, 이제는 지구 멸망쯤이야 상관없다는 듯이 지켜보자는 것 같다.

동식물과의 교감은 사람뿐만 아니라 땅 위의 모든 것을 빛나게 하며, 푸른빛이 존재할 수 있도록 하여 우리의 지구도 지킬 수 있다.

교감이 이루어질 때, 비록 사람에게서 아름다운 빛은 발생하지 않을지언정 적어도 포근한 온기와 향기로움이 더해지는 것은 부인할 수가 없다.

반딧불이 만큼의 광채는 아닐지라도 은은하게 발산하는 이로운 에너지 파장은 사람에게도 있을 것만 같다.

昂明人中天地一

(앙명인중천지일)

: "하늘과 땅 사이에 인간(생명체)이 으뜸이니, 이를 높이

여겨 빛나게 하라."

환인상제가 『천부경(天符經)』에서 이렇게 밝히신 뜻이기도

하다.

7
태극기

유린당하고 또 당하여, 먼 이국땅에서 서럽게 목숨 잃던 선열이 품속 깊이 감추고 있었던, 죽음조차 불사르며 그토록 외쳐야만 했던, 화염의 전장 속에서 무명의 식어가는 육신을 감싸 주었던, 피가 솟아오르는 비통이 있었기에 도저히 버릴 수가 없어 지킬 수 있었던 태극기.

이제는 본래 그러하였듯이, 세상 사람들에게 우리는 모든 생명체를 존중하고 이롭게 하며 평화롭고 풍요로운 공간에서 같이 호흡하며 살아가는 것이 최고의 가치라는 이념을 지닌 민족임을 알려주는 태극기.

그간 태극기의 상징성에 대한 왜곡된 추측들이 진실인 양 여겨졌고 서투른 역사의 조명으로 국민에게 잘못된 지식이 각인되어 버렸다.

〈태극기〉

『천부경(天符經)』에서는 이렇게 표현한다.

一積十鉅無匱化三

(일적십거무궤화삼)

우리가 사는 태양계는 열 개의 거대한 별들이 상호작용하며 존재하고 있음을 말해 주고 있다. 여기서 숫자는 별을 지칭한다.

즉, 숫자와 별의 상관관계는 다음과 같다.

태양 → 열(十)

수성 → 아홉(九)

금성 → 여덟(八)

지구 → 일곱(七)

화성 → 여섯(六)

목성 → 다섯(五)

토성 → 넷(四)

천왕성 → 셋(三)

해왕성 → 둘(二)

무명성[11] → 하나(一)

숫자는 보는 주체의 입장에서 가장 가까운 별부터 붙인 것으로 유추된다. 사람의 입장이 아닌 환인상제의 입장에서다.

태극을 살펴보자.[12]

『천부경(天符經)』에서는 이렇게 표현한다.

---

11) 무명성은 존재는 하나 아직 이름 없는 별을 의미한다.

12) 괘는 일찍이 『천부경(天符經)』에서 왔다.

大三合六生七八九

(대삼합육생칠팔구)

태양과 화성, 목성, 토성, 천왕성, 해왕성, 무명성이 천·지·인 변화의 조화로 지구가 생겨났음을 알 수 있다. 원(ㅇ)은 지구를 뜻한다.

앞에서 언급하였듯이 『천부경(天符經)』은 궁극적으로 생명체의 탄생과 그것을 지키기 위한 사람의 역할을 강조하고 있다.

昻明人中天地一

(앙명인중천지일)

그리고 모든 생명체의 탄생과 존재하는 힘의 근원은 태양이라고 밝힌다.

本心本太陽

(본심본태양)

태극의 붉은 상반 원은 태양을 뜻한다.

『천부경(天符經)』을 보자.

天一一地一二人一三

(천일일지일이인일삼)

天二三地二三人二三

(천이삼지이삼인이삼)

하늘(*허공, 대기-기체*)도 생명체요,

땅(*대지, 산-고체*)도 생명체요,

인간(*호흡하는 모든 생물-액체*)도 생명체라 하였으니, 생명력 있는 별의 대명사이자 생명 태동의 원천인 물의 고향, 태극의 푸른 **하반** 원은 바다이다.

태초에 우주가 생길 때 창공과 별이 나타났고 그 별 중에서 화성, 목성, 토성, 천왕성이 태양과 수만 가지의 기운으로 상호작용하여 지구가 생겨났으며, 태양의 기운과 바다의 기운이 조화로이 융합(*태극의 요동치는 물결 모양*)하여 생명체를 잉태하였으니 그 첫 번째가 식물이다(*봉의 무궁화-이미지에서는 생략*).

『천부경(天符經)』은 환인이 아들 환웅을 지구에 내려보내면서 사람을 잘 다스려 뜻한 바를 이루라고 한 사람 훈육의 가르침이다.

사람(인류)들에게 세상의 모든 생명체(인간)를 귀하게 여기라는 지엄한 가르침으로써 현생 인류 최초의 민족인 우리 민족을 통해 뜻한 바를 만방에 전하여 이루려 함이었다.[13]

그 가르침을 받아 자연을 존중하며 사랑으로 보살피고 그 속에서 같이 평화롭게 신이 내린 본분을 다하며 살아갈 것을 스스로 약속하여 흰옷을 즐겨 입어 순수하게(흰색 바탕) 살고자 했던 선조들이 물려준 이 땅. 그 이념을 실천하며 살아가는 사람들이 모여 사는 곳이 이곳 대한민국임을 세상 모든 이에게 알려 주는 태극기.

태극은 환인상제가 천손에게 내려주었던 지구의 상징이다.

---

13) 우리 민족은 천손이었다.

8
재미있고도 오묘한 게임

누구나 사다리(계단) 타기 게임을 한 번쯤은 해 보았을 것이다. 똑같은 출발선(점)에서 미리 정해진 결과물을 보고 스스로 모르는 길을 찾아가는 게임이다. 이것을 그림으로 도식화해 본다.

〈사다리 타기 게임〉

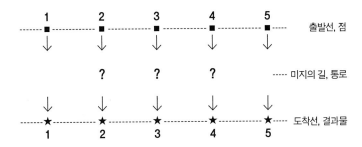

여기서, 좋은 결과를 얻기 위해서 나름대로 지혜를 발휘하는 것은 당연하다.

첫 게임에서 결과물 ★(블랙 스타)가, ★1은 '꽝', ★2는 '상금 1만 원', ★3은 '상금 2만 원', ★4는 '벌금 5만 원', ★5는 '상금 10만 원'이라고 정했다.

여기서 자기가 택한 미지의 길 끝에 있는 결과에 따라서 기분이 달라질 것이다. 결과가 만족스럽지 않다. 기분 나빠서 한 번 더 해 볼 요량이다.

★가, ★1은 또 '꽝', ★2는 '상금 2만 원', ★3은 '상금 4만 원', ★4는 '벌금 10만 원', ★5는 '상금 20만 원'이라고 정했다.

결과가 뜻대로 되지 않는다(이럴 때면 본전이 생각난다).
다시 한번 더 해 보기로 한다.[14]

----

14) 다시 한번 더 응해 주는 경우는 모두에게 아직 배려할 수 있는 여유가 있기 때문일 것이다.

이번에는 수준을 약간 올리기로 한다. 누군가는 꽝이 재미없을 수도 있으니까.

★가, ★1은 '각각에 대한 거출 10만 원', ★2는 '상금 10만 원', ★3은 '상금 20만 원', ★4는 '벌금 30만 원', ★5는 '상금 50만 원'으로 가정해 보자.

모두 점점 열 받는다.
이쯤 되면 배려의 마음들은 없어지기 시작하고, 회유와 타협만 있게 된다. 계속하거나 그만하자고 하게 된다. ★4를 계속 선택한 사람은 450,000원을 잃었고, ★5를 계속 선택한 사람은 800,000원을 벌었다.

★가, ★1은 '…', ★2는 '…', ★3은 '…', ★4는 '…', ★5는 '…'.

이렇게 갈 수밖에 없는 것이 사람의 생리가 아닐까 한다.

그런데 여기서, 생각을 조금 달리해 보자.

★가, ★1은 '세계 일주권', ★2는 '동남아 여행권', ★3은

'고액 복권 당첨권', ★4는 '만연 채무자권', ★5는 '언제나 노숙자권', 또, ★가, ★1은 '판사', ★2는 '독립투사', ★3은 '회장님', ★4는 '교육자', ★5는 '매국노'.

이제는 좀 심각하게 생각해 보자.

★가, ★1은 '죽일 놈', ★2는 '살릴 놈', ★3은 '군자', ★4는 '현자', ★5는 '도적놈'.

자, 이제는 정말 심각해진다.
★가, ★1은 '사람', ★2는 '동물', ★3은 '식물', ★4는 '미물', ★5는 '무생물'.

★가, ★1은 '장미꽃', ★2는 '여왕벌', ★3은 '개똥 속의 버러지', ★4는 '십이지장충', ★5는 '구더기'.

만약, 이렇게 된다면 우리는 무엇을 선택할 수 있을까. 너무 비약이라고 욕하는 이도 있겠지만, 실제로는 그렇지만은 않은 것은 앞의 게임에서 금전을 ★(결과물)로 예를 들었을 때는 수긍이 갔지만, 그 외의 ★에 대해서는 선뜻 동의할 수 없는 사람의 이기적인 생리가 있기 때문일 것이다.

우리는 어쩌면 자기가 유리한 쪽에만 불편을 놓아두고 싶어 하는 것은 아닐까.

이 게임처럼 정말로 현생(生)에서 삶이 재판, 삼판, 사판이라도 할 수 있으면 그나마 다행이겠지만, 불행히도 우리네 삶은 그조차도 할 수 없게 되어 있지 않은가.

불교에서는 윤회를 말하고, 기독교에서도 예수가 환생했다고 하지 않던가. 우리는 어떤가. 염라대왕이 심판하여 돌려보낸다고 하지 않는가.

지구상의 어느 곳이든, 사람이 사는 곳에는 이와 유사한 사례들이 종교든, 미신이든, 신화든, 전설이든 간에 항상 존재하고 있다. 왜일까.

윤회하여 다시 사람으로 태어나는 것은 매우 희박한 확률일 수 있다.

타인에게 기생하여 사는 사람들이 그 생리대로 기생식물이나 기생충, 기생동물로 다시 태어나지 말라는 법은 세상 그 어디에도 없다.

아무도 모르는 일이 아니겠는가.

턱도 없는 소리라고 하고 싶거나, 분명 그렇게 되어야만 한다고 희망하는 것도 확률은 반반이다. 사람의 미래는 모르는 일이다. 하물며, 내세의 일을 어찌 알까.
그러나 어떻게 믿고 살아가는가에 따라 결과가 나누어진다면, 좋은 선택을 할 만도 하지 않을까?

하지만, 여기에는 중요한 것이 하나 있다. 자기가 옳다고 믿고 세상을 살아오면서 선택한 그 결과가 예상과는 전혀 다를 수도 있다는 것이다.

옳고 그름의 결정은 신의 영역이기 때문이다.
우리의 인생, 아니, 이 지구상의 모든 생명체가 이미 이런 운명 속에 있다면, 누구든 그 선택을 과연 함부로 할 수 있을까.

이 지구상의 모든 생명체는 태어날 때 이미 출발선(점)에 섰으며, 삶(인생)이란 어쩌면 이미 만들어져 있는 보이지 않는 길을 스스로 선택하여 찾아가는 것은 아닐까.

수많은 길 중에서 선택권은 오로지 '나'이다.

태어남이 자신의 선택이 아니었다고?
자신은 아무것도 되기 싫다고?
그래도 어쩔 수 없다. 그렇게 안 되는 이유가 있다.

자, 예를 들어 보자.
1㎥ 철제 통 안에 종이 뭉치 1kg을 넣어서 불을 질렀을 때, 종이는 다 타버리고 재만 남게 될까?

비록, 종이는 다 타버렸으나, 증기(기체)가 남아 있게 된다. 형태만 변하였을 뿐이다.

이는 고유의 질량은 항상 같다는 것이며, 우리가 살아가는 이 지구도 마찬가지다. 대기권을 포함한 지구의 질량은 항상 같아야만 그 자리에 존재할 수 있고, 지구를 품고 있는 태양계 또한 그러하다.

태양계의 질량은 태양이 몇 %, 지구 몇 %, 목성 몇 % 등으로 이루어져 있다고 과학자들은 말하고 있다.

그래야만 태양계도 그 자리에서 존재할 수 있으며, 우주의 질서를 지킬 수 있다.

아마 그것이 대자연의 진리요, 섭리가 아닐까 한다.

우주가 폭발하고, 뭉쳐지고, 없어지고, 다시 태어나도 질량은 변해서는 안 된다.

사람도 마찬가지다.
사람은 태어나서 어머니의 젖을 먹든, 어떤 다른 영양분(에너지)을 섭취하든, 성장하고 몸무게를 가진다.

그러다 끝내 사망하게 되면 매장을 하든, 화장을 하든, 어찌 되었든, 고유의 질량은 변하지 않으며, 흔적은 남기 마련이다.

그 흔적이 바로 ★의 씨앗이 아닐까 한다.

땅에 심은 콩 한 알이 뿌리를 내리고, 줄기를 뻗어서 잎을 피우고, 열매를 맺는 것은 콩 속에 정보가 들어 있기 때문임을 우리는 잘 알고 있다.

물질세계에서도 생명체는 그 기원인 DNA 속에 한 개체가 살아생전에 행한 삶의 정보가 고스란히 간직된다. 사람도 예외일 수는 없다.

현생(生)에서 스스로의 삶을 통제해 온 의식이 그 정보 체계(DNA)에 고스란히 저장되어 후생(後生)의 육신을 따라서 변하게 하는 것이라면 너무 큰 억측일까.

그리고 변한 그 무엇에 맞는 의식이 또다시 움트는 것이 윤회가 아닐까 한다.

물질세계에서는 사람도 결국에는 무엇인가로 변할 수밖에 없다. 다만, 망각의 시간이 있기에 변한 뒤의 옛 기억은 묻혀져(잊혀져) 있는 것뿐이다.

그것을 전생이라고 말해 본다.

사(死)후 세상에서는 전생의 행적은 기억(잠재의식) 속에 저장되며, 그 저장 공간을 DNA라고 한다.

DNA 조작 콩은 기존의 의식 정보 체계를 의도적으로 변질시킨 결과이며, 변질된 의식은 변형된 육신을 만들 수밖에 없는 것이다.

그런데, 그 사(死)후의 세상에서 '변한 나'라는 존재는 지금의 '나'를 의식하지 못하게 된다. 그렇기에 상관이 없다고 할 수도 있겠지만, 그것은 어디까지나 자기 편의적인 생각일 뿐, 사(死)후 세상의 일은 신의 영역이라 진실은 그 누구도 모른다.

사(死)후에 자신이 물, 바람, 구름, 꽃과 나무, 바위, 돌, 사람이 되고 싶어도, 그저 바람일 뿐이고 그 결정은 조물주의 몫인 것이 지구상에 존재하고 있는 모든 생명체의 한계가 아닐까 한다.

고관대작으로 태어나는 것을 원하는가.
아니면, 회장님이 되기를 원하는가.

우선, 사람으로 다시 태어나야만 가능한 일 아닐까. 지구상의 모든 생명체는, 아니, 최소한 사람은, 이미 운명이 정해져 있다고 믿어 보면 어떻겠는가.

어떻게 삶을 살아가는가에 따라 사후 자신의 ★는 이미 정해져 있다는 사실 말이다.

이 사다리(계단) 타기 게임의 정답은 아무도 알 수 없지만, 그 결과들은 반드시 있기 마련이다.

누구나 죽음에 이르러서는 ★는 있을 수밖에 없을 테니까.

모두 자신의 선택에 달렸다. 그 누구도 아닌 바로 '나'에게 있다.

너무나 당연한 이야기이다.

여러분이 선택한 ★(블랙 스타)가 그야말로 자신의 후생에 빛나는 ☆(화이트 스타)가 되기를 희망해 본다.

9
수미세계

불교의 우주론에서 수미세계를 이해하는 것은 불교를 알고자 하는 사람에게는 꼭 필요한 개념이므로, 이를 현대 과학이 밝혀낸 우주 지식으로 풀이하여 이해하기 쉽게 설명하고자 한다.

우주론에서 우주(은하)를 구성하는 가장 기초 단위는 수미세계(須彌世界)이다.

하나의 수미세계는 다음과 같이 이루어져 있다.

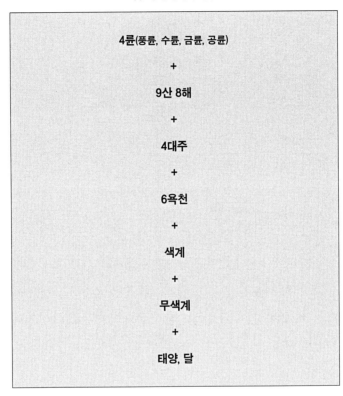

〈수미세계의 구성〉

4륜(풍륜, 수륜, 금륜, 공륜)

+

9산 8해

+

4대주

+

6욕천

+

색계

+

무색계

+

태양, 달

현대에도 이해가 쉽지 않은 내용이다. 그 옛날 수도자들의 고뇌가 엿보인다.

이에 관한 풀이 근거는 다음에서 찾을 수 있다.

『천부경(天符經)』에서는 이를 이렇게 설명한다.

一積十鉅無匱化三

(일적십거무궤화삼)

: "우주(태양계)는 열 개의 거대한 별들을 먼저 이루고, (남
은 기운은) 공간이 부족하여 인간으로 변했다."

수미세계란 태양계를 지칭하였던 표현이며, 지구 태양계
(지구를 포함한 태양계)의 구성 요소를 설명한 것이다.

이것을 풀이하면 다음과 같다.

① 4륜
: 지구의 표면 땅(금륜) 위에 물(수륜)이 있고, 그 위에서 바
람(풍륜)이 불며, 또 그 위에는 공기층(공륜)이 덮여 있다.

② 9산 8해
: 9개의 행성과 그 사이의 8개 창공.[15]

③ 6욕천
: 인간이나 사람이 존재하는 땅과 접한 하늘.[16]

---

15)   창공은 물질이 없는 공간이다.

16)   하늘은 물질이 존재하는 공간이다.

④ 4대주

: 인간과 사람이 공존하는 땅.

⑤ 색계

: 죽음이 있는 물질세계.

⑥ 무색계

: 영생이 있는 물질세계(영적세계).

⑦ 태양, 달

: 달은 지구의 위성이며, 9산 8해에는 해당하지 않는다.

우리 태양계에서 인간이 먼저 존재했던 별은 '태양, 달, 금성, 지구, 화성, 목성'의 6개다.

이 중에서, '색계'는 '금성, 지구, 화성, 목성'이고, '무색계'는 '태양, 달'이다.

그리고 상계(먼저 생긴 태양계 이상의 세계)의 인간과 하계(지구 태양계) 인간의 유전자 결합으로 태어난 사람이 인간과 같이 살아가던 별(땅)이 '금성, 지구, 화성, 목성'의 4대주이다.

불교에서 제석천왕이 있다는 수미세계의 가장 중앙에 있는 산은 목성을 가리키는 것이다.

〈목성〉

수성, 금성, 지구, 화성	목성[17]	토성, 천왕성, 해왕성, 무명성
(4행성)		(4행성)

태초에, 중앙의 거대한 기운(은하핵)이 폭발하여 이루어진 태양계의 모든 별은 모두 영적세계였다.

4대주도 처음에는 영생이 있는 영적세계였으나, 상계 인간(신이라고도 함)들이 관여하는 과정에서 색계인 물질세계가 된 것이다.

지구는 혹성 충돌로 인한 대기 변화 때문으로 보인다.

---

17) 목성을 지칭하는 수미산은 제석천왕이 지구 태양계가 형성되고 나서 초창기 개척 시기에 맨 처음 하계에 강림한 땅이며, 주된 하계 거처는 아니다.-수메르 신화 참조.

그 이유를 『천부경(天符經)』에서 찾을 수 있다.

運三四成環五七

(운삼사성환오칠)

: "토성과 천왕성이 운행하여 목성과 지구의 대기권을
이루었다."

태양계 생성 시 일어난 중앙의 거대한 기운의 폭발(빅뱅)
은 현대 과학에 의해 핵융합으로 발생한 폭발이라는 것이
증명되었다.

핵융합 폭발의 부산물로 수소(H_2)와 헬륨(He)이 방출되었
으며, 우주에서 헬륨의 농도는 70% 이상이라고 과학자들
은 말한다.

처음에는 지구도 헬륨으로 대기권을 이루었던 것으로 추
측되며, 폭발 이후 해환육천(海幻陸遷)하여 하늘이 다시 열
렸을 때는 대기권이 변해 있었다.[18]

---

18) 그 옛날 거대한 공룡들이 하늘을 날고 땅 위를 뛰어다닐 수 있었던 것도 가
벼운 헬륨 덕분이었을 것이다.

산소(O2)와 질소(N2)의 혼합 기체인 공기가 생긴 것이다.

산소(O2)는 모든 물질을 산화시킨다.
물질로 이루어진 사람의 육체도 예외가 아니다.
육체는 결국 산화되어 소멸하고 만다.
이것을 우리는 죽음이라고 표현하며 한없이 슬퍼한다.
물질세계의 애환이며 번뇌인 것이다.

우주에는 태양과 달과 같은 수많은 영적세계에서 인간이나 사람들이 엄연히 존재하며 삶을 살아가고 있다.

사람이 죽게 되면 육체만 흙으로 돌아가는 것이다.

영적세계의 인간을 신(神)이라도 한다.
서양 신화의 기초가 된, 지금은 사라진 옛 수메르 문명의 기록에는 태양의 통치자를 우투신(神)으로, 달의 통치자를 난나신(神)으로 기록하고 있다.

동양에서도 마찬가지다. 불교에서 신(神, 상계 인간)들은 보살로 나타나며, 우투는 금강장보살로, 난나는 보현보살이라고 표현한다.

신화적이든, 역사적이든 인류가 신(격)으로 추종하는 존재들은 다 같지만, 나라마다, 민족마다 이를 변질시켜 전승해 왔다.

동양에서 부처의 본 모델은 환인상제이다.

이 모두는 추종자들의 그릇된 욕심이 진실을 가렸기 때문이다.

마치, 오늘날 세계인을 우주의 맹아로 만들어버린 그들, 특히 NASA와 CIA 그리고 바티칸 교황청의 사악한 눈가림처럼, 지금도 태양계의 진실한 역사에 대한 그들의 눈가림은 계속되고 있다.

【참고】

인간이란?

: 우주 폭발 이후 실체가 형성될 때, 맨 처음 나타난 세 가지의 원천

중의 하나인 생명체이다.[19]

---

19) 삼극은 창공, 별, 인간(생명체)을 말한다.

10
온전한 곳

지구 위 대부분의 사람이 삶을 살아가면서 한 번쯤은 희망하거나 절실하게 갈망하는 것으로는 천당과 극락도 빠질 수 없을 것이다.

어떤 형태의 삶을 살았든 그것은 상관이 없다.

다른 표현들도 많이 있다. 도솔천, 범천, 낙원, 피안세계, 무릉도원, 파라다이스 등 사람이 모여 사는 곳에서는 부르는 명칭도 각각 여러 가지다.

『삼일신고(三一神誥)』는 그곳을 '온전한 곳'이라 쓰고 있다.

"태어날 때의 본성대로 살아온 사람은 죽어
온전함에 들어 긴요히 쓰인다."

이것이 『삼일신고(三一神誥)』의 주요 가르침이다.
어쨌든, 이 모두는 죽음을 경계로 하고 있다.
사(死)후 세상에서 전개될 상황이다.

삶이 있는 곳에는 죽음이 있다. 삶에는 희(喜), 노(怒), 애
(哀), 락(樂), 애(愛), 오(惡), 욕(欲)의 번뇌가 항상 있기 마련
이다.

불교는 번뇌를 버리는 방법을 가르치는 종교이다.
자비는 그 방법으로 자비심을 가지라고 조언한다. 그러나
그 가르침이 애매하고 모호하다.

누구든 죽으면 윤회의 굴레가 있기에 좋은 위치에 있을
때 잘 봐주라는 식이다. 다분히 사람 본위다. 그러나 우주
속에서 사람은 결코 우월한 존재가 아니다. 불교는 부처의
참 가르침부터 정확히 깨우쳐야 한다. 그것은 "모든 인간을
사랑하라"는 예수의 가르침이 오로지 사람만을 위하라는
뜻인 양 변질시켜 인식시키고 있는 기독교가 진실로 참회하
여야 하는 것과 같다.

『천부경(天符經)』을 살펴보자.

天一一 地一二 人一三

(천일일 지일이 인일삼)

天二三 地二三 人二三

(천이삼 지이삼 인이삼)

: "창공을 하나라 하고, 별을 둘이라 하며,

생명체는 셋이다."

: "창공이 곧 생명체요, 별 또한 생명체이며,

사람도 생명체에 속한다."

함축된 뜻은 다음과 같다.

"창공과 별과 생명체는 하나로서,

서로 변하면서 쓰인다."

조금 더 현대적으로 하면, 다음과 같다.

"하늘과 땅과 인간은 한 몸으로, 변화를 거듭한다."

이를 물질적으로 표현해 보면, 다음과 같다.

"기체와 고체와 액체는 구성 성분이 다 같은 입자로서,
형태와 형상이 변하면서 쓰인다."[20]

본 글에서는 죽음을 우선 물질적인 면에서 생각해 보고자 한다.

물질세계에서 상(相)의 변화에는 에너지가 관여하며, 에너지의 많고 적음에 따라 형태와 형상이 달라진다. 예를 들면, 물이 얼음이 되고 수증기가 되는 것이다.

지구는 대기권(입자가 있음)을 포함하여 일정한 공간을 가지고 있으며, 그 공간 안의 모든 물질의 총량은 항상 일정해야만 존재할 수 있다는 것이 '질량보존의 법칙'의 확대 개념이다.

물론, 부피 비율도 엄연히 존재하고 있다. 대기의 구성 물질은 천 년 전에도 산소 21%, 질소 79%였고, 천 년 뒤에도 마찬가지일 것이다.

---

20) 창공은 입자가 없는 곳이나, 설명을 위해 사용했다.

사람이 죽고 나면 싸늘히 식어 가는 것은 에너지의 손실 (*빠져나감*) 때문이다.

태고사에 "정기는 하늘에서 오고, 육신은 땅에서 난다." 라고 하였으니, 정기(*영혼*)를 에너지(*기운*)라고 가정해 보면, 영혼이 빠져나간 생명체는 육신만 남게 되고, 육신은 물질 이므로 분해되어 재가 되거나, 증기가 되거나, 무엇으로 되 든지 간에 물질의 총량은 변하지 않고 보존된다.

물질이 대기권을 벗어나기 위한 방법으로는 강제 탈출 (*로켓*)이 있을 수 있으나, 이는 자연 상태에서는 불가능한 일이다.

그러나 에너지(*기운*)는 물질이 아니므로 벗어날 수 있다.

자연에는 오로라와 같은 '지구 방전'의 현상도 엄연히 존 재하기 때문이다.

『천부경(*天符經*)』에서는 다음과 같이 이야기한다.

一妙衍萬往萬來

(일묘연만왕만래)

: "우주는 별들 사이에 수만 가지의 기운이 기이하게
서로 흐른다."

『삼일신고(三一神誥)』는 사람은 뭇 생명들과 다른 것이 있
으니 그것은 '감정'이 있어서 그렇다고 한다. 바꾸어 말하면
'감정'이 있는 모든 생명체는 영혼이 있기에 우주(창공)로 되
돌아갈 수 있다는 것이다.

『천부경(天符經)』에서는 다음과 같이 말한다.

一始無始一
(일시무시일)

: "우주는 아무것도 없이 시작한 우주이다."

析三極無盡本
(석삼극무진본)

: "근본은 더 이상 나눌 수 없는 삼극으로 나누어진다."

天一一地一二人一三

(천일일지일이인일삼)

: "창공을 하나라 하고, 별은 둘이며, 생명체는 셋이다."

물질세계인 별(지구-고체)과 생명체(육신-액체)에서 빠져나
간 영혼(정기)이 갈 곳은 창공밖에 없다.

영혼이 창공으로 되돌아가서 우주 구성의 일부가 되는
것이 질서이다. 그것은 우주의 섭리이며 본성(본능)이다.[21]

우주는 모든 생명을 만들어서 품고, 온갖 모습으로 변화
하며, 살아 숨 쉬는 끝이 없는 광활한 유기체이다.

태어나고(신성 출현), 호흡하며(블랙홀), 아무것도 없이 사라
진다(별의 소멸).

예로부터 사람을 소우주라고 했듯이, 우주도 영혼이 필
요한 생명체이다.

---

21) 별은 땅과 땅의 원심력인 '중력'이 미치는 대기권을 포함한다.

아무것도 없이 시작하여 세 가지로 나뉘어 출현해서 신비로운 변화를 거듭하며 존재하다가 사라지면 원래의 자리로 또 되돌아간다….

아무것도 없는, 눈으로는 보이지 않는 광활한 저 창공으로….

『삼일신고(三一神誥)』의 세계훈(世界訓)에서는 이렇게 말한다.

中火震盪 海幻陸遷 內成現象

(중화진탕 해환육천 내성견상)

: "중심의 거대한 기운 덩어리가 폭발하여 무수한 별들이 생겨나고, 바다가 변하고 육지가 옮겨져서 마침내 지금과 같은 모습이 되었다."

이처럼 '태초에 우주에는 기운만 가득'했던 것이다.

그로부터 수십, 수백억 광년이 지나 지구에서는 아무것도 없는 곳에서 물질이 생길 수 있다는 가설을 세웠고, 이를 실험으로 증명한 장치가 '특수 상대성 이론'과 '가속기'이다.

사람이 삶을 살아가는 지구에는 숨 쉴 수 있는 공기와 거닐 수 있는 땅과 마실 수 있는 물도 따지고 보면 모두가 물질 입자이다. 삶에는 입자가 작용한다.

공기는 산소($O2$)와 질소($N2$)가 그것이고, 물은 수소($H2$)와 산소($O2$)가 그것이며, 땅은 칼슘(Ca), 철(Fe), 마그네슘(Mg) 등이 그것이다.

'양자 이론'은 물질 입자를 주장하는 학문(科學)이다. 만질 수 있는데도 없다고 하며, 눈으로 보이는 세계는 착각일 뿐이라고 한다. 심지어 우주조차도 없다고 한다.

양자론의 허구가 잘 드러나 있다. 양자론의 한계는 에너지 부재이다. 우주에서 에너지는 근본(모체)이며, 그로부터 우주만물이 발현된 것이다.
그런데 그 에너지의 창출물인 물질로서 우주를 가늠하고자 하는 것은 경솔하며 어리석다.
이런 이론을 주장하는 과학자들에게서 '색불이공 공불이색'의 바른 이해를 구하는 것은 과히 어려울 것이다. 특히, 서양의 과학적인 사고 개념으로는 그 의미 풀이는 불가능하다.
더구나 삶이 영그는 물질세계에서 보다 중요한 것은 현상이다. 그리고 그 삶 속에서 생겨나는 희·노·애·락·애·오·욕의 번뇌를 물질만으로는 설명할 수 없다.

사람들은 번뇌에 고통스러워한다.
위치가 높거나 낮거나,
그것이 귀하거나 천하거나,
가진 것이 많거나 적거나,
일이 잘되거나 못되거나,
병이 들거나 멀쩡하거나,
저마다의 고통이 없을 수가 없는 것이 삶이다.
모든 것을 가진 자는 다 가지고 가지 못해 아까워서 그럴 수 있고, 가지지 못한 자는 서럽고 구차하게 죽어갈 처지가 서글프고 안타까워서 그럴 수도 있으며, 그저 숨이 끊어지는 것이 너무 두려워서 그럴 수도 있을 것이다.

그러면, 물질이 없는 곳이라면 어떨까.

우선 희·노·애·락·애·오·욕의 굴레가 없게 된다. 번뇌는 물질들의 상호작용에 기반하고 있다. 모든 생명체는 빛 에너지에 의해 입자가 활동성을 가지며, 그 미세한 입자들의 기능적인 특성이 감정을 타고 작용한 현상들이 삶이라고 할 수 있기 때문이다.

『천부경(天符經)』에서는 다음과 같이 이야기한다.

一妙衍萬往萬來用變不動本
(일묘연 만왕만래용변 부동본)

本心本太陽
(본심본태양)

: "우주는 수만 가지의 기운이 기이하게 서로 흘러서 변하면서 쓰이나, 근본은 변할 수가 없으니, 그 근본의 본성은 태양이 근원이다."

그리고 모든 생명은 그 창공에서 발현되었다.

一積十鉅無匱化三
(일적십거무궤화삼)

: "우주는 열 개의 거대한 별을 먼저 쌓았고, 더 이상 쌓을 공간이 없어 남은 기운은 생명체(영혼과 육신)로 변화되었다."

우주의 섭리에 따라 생겨난 생명들은 그 속성을 지니게 되고, 그러한 속성을 물려받은 사람 또한 우주의 질서대로 살아가는 것이 삶이 아닐까.

이렇게 본다면, 인간의 본능이란, 정교하게 이루어진 생명 체계[22]에 우주의 질서 정보가 탑재된 비의식의 능력으로서, 종의 번식과 유지를 위한 최소한의 에너지인 것이다.

우주도 창공이 영혼이 되어 번식과 유지를 이어 나갈 수 있는 곳은 아닐까. 밤하늘의 별들은 그 영혼의 아름다운 육신이 되고….

사람의 세포(입자) 수만큼이나 빛나는 별들이 있을지는 누구도 모르는 일이다.

사람이 부지기수인 것을 보면, 우주도 홀로 있지는 않을 것도 같다.

과학이 관측할 수 있는 한계가 현재로서는 하나로 보거나, 아니면, 우주라고 규정 짓고 있는 것을 하나로 보고 있지만 말이다.[23]

---

22) 정교하게 이루어진 체계는 DNA를 의미한다.
23) 불교에서는 1은하를 1우주로 본다.

삶을 살아가면서 엄습해 오는 죽음의 번뇌는 예기치 못할 두려움이 되고는 한다.

그러나 그것은 사람들이 이미 존재하는 우주의 질서를 모르는 탓일 수도 있지만, 어쩌면, 어떤 높디높은 장벽에 가로막혀서 그럴 수도 있을 것이다.

특정 목적이 있는 이들이나 집단이 유독 부르짖는 구호가 천당과 극락이다.

이들은 꼭 전제 조건을 필요로 한다. 지옥과 나락에 빠지지 않고 천당이나 극락으로 가고자 한다면 비용이 들어갈 수밖에 없다고, 그래야만 갈 수 있다고, 보내줄 수 있다고 장담들을 하곤 한다.

근엄한 탈을 쓴 수문장이 통과세를 내라는 것이다.

어디 종교뿐이겠는가. 이념도 마찬가지다.

민주주의나 공산주의나 중립주의나 다 똑같다.

어떤 형태가 되었든 구속이 필요하다. 그러나 이것은 영악한 사람들이 만들어 낸 고도의 술수이다. 이제는 너무나 당연시되어 진실인 것처럼 여겨지지만, 태초에 아무것도 없었던 그곳에 그런 것이 있었을 리가 만무하다.

이렇게 된 까닭은 사람들이 물욕을 쫓아 사악하게 변질되어 영혼이 사라졌기 때문이다.

흔히, 정신 나간 사람을 영혼 없는 자라 말한다.
영혼이 없어도 육신은 살아갈 수 있다.
그 옛날, 영혼이 망가져 변질되어 가는 교회들에게 예수는 편지를 보냈다.

> "너희들이 처음에는 그나마 잘해 오고 있었
> 으나, 어느덧 변해버려 악한 일을 쉬이 저질러
> 인간들을 고통스럽게 하니, 반성치 않으면 너
> 희를 벌하러 올 때 가장 먼저 문제 삼겠다."

정확하게는 전달자(메시아)를 통한 신(神)의 경고였다. 성경에서 밝히는 『요한계시록』의 일부다.

지구상에 존재했다가 사라진 문명 중에는 '수메르[24]'라는 문명이 있었는데, 그 문명이 남긴 역사적 기록인 『길가메시

---

24) 수메르 문명은 지금의 이란과 이라크를 끼고 흐르는 유프라테스강과 티그리스강 유역에 있었던 문명이다.

서사시』에는 이런 내용이 있다.

> "영생을 얻기 위해서는 가시 달린 꽃을 움켜쥐
> 어라. 그러면 늙은이도 젊은이가 될 수 있다."

가시 달린 꽃을 움켜쥐려면 쉽지 않은 결단이 필요할 것이다. 더구나 아무것도 모르는 상황이라면 더욱더 그러할 것이다.

죽음은 그 자체로도 힘든 고통일 수 있으나, 영생을 위한 통과의례라면 용기를 낼 만도 하지 않겠는가.

창공에는 죽음이 없다. 영원한 존재만 있을 따름이다. 용기 있게 죽음을 받아들인 자는 새 생명을 잉태할 수 있는 그곳으로 갈 수 있는 것이리라.

그렇지 못한 자는 어디에도 갈 수 없는 구천에서 떠도는 귀신이 될지 누가 알겠는가. 당연히 마음대로 또 죽을 수도 없으니 고통의 연속이리라.

지친 영혼은 기를 쓰고 쉴 곳을 찾아드니, 뭇 생명들의 육신이다. '정신 나간 사람', '영혼 없는 자'가 되고 만다.

'온전한 곳'에서는 죽음 없이 영원할 수 있다.

그곳은 모든 생명체를 잉태할 수 있는 고준위 에너지를 가지고 존재하고 있다.

행복하고, 복되고, 쾌락한 곳인지는 모르지만, 존재는 그 자체가 아름다운 것이다.

밤하늘의 별들이 아름답지 않은가?

거기에 다 가지고 있으니 어찌 안 그렇겠는가.

창공은 눈으로는 볼 수 없다. 보이지 않는다. 그래서 아니라고 할지도 모른다. 이는 보이는 것만 믿어 편해지려는 못된 습성 때문이지, 사람의 본성은 아니다.

본성을 잃어버린 사람들의 얄팍한 수작이다.

영혼이 있는 사람은, 결단 있는 사람은 그곳으로 물 흐르듯 돌아가는 곳이리라.

사람이 죽으면 돌아갔다고 하지 않던가. 그것이 우주의 질서라고 앞서 언급해 보았다.

영혼 없는 사람들 중 교활한 이들은 비리를 재미로 삼고, 조작을 즐기며, 위선으로 재주 부리고, 악한 일은 습성으로 여기며, 독기 있는 눈빛이 초롱초롱하고, 남의 고충에 축배를 든다.

　그리고 이들은 지금 모습 그대로 사(死)후에도 다시 태어나서 지금처럼 똑같이 영원하고 행복하게 사는 곳이 천당과 극락이라고 착각하며 살아간다.
　그리고는 침을 튀겨 가며 우긴다.
　아무것도 모르는 이는 그들이 원하는 대로 이끌려 갈 수밖에 없을 뿐이다.

　번뇌를 버리려면 그 착각에서부터 벗어날 수 있어야 한다. 그 결단은 삶 속에서 가시 달린 꽃을 움켜쥘 용기만큼이나 필요하리라.

　영혼이 분리된 육신은 대기권 내에 머물게 되며 온갖 형태와 형상으로 다시 태어나 자연계의 일원으로서 역할을 해나가는 새 삶의 연속이 윤회일 것이다.

　그리하여, 또 다른 영혼이 깃들기를 반복한다. 이것이 육신세계(물질세계)의 굴레이며, 번뇌이리라.

우주의 저 창공은 볼 수 없는 영혼의 세상이며, 모든 것이 존재하는 영원불멸의 세상이다.

다만, 물질세계의 현상을 착각이라 하고 보이지 않는 세상은 허상이라 함은, 아마도 사람들의 어리석음 탓일 것이다. 『천부경(天符經)』은 사람의 본성을 일러준다.

昂明人中天地一

(앙명인중천지일)

: "하늘과 땅 사이에 생명체가 으뜸이니,

이를 높이 여겨 빛나게 하라."

사람(인류)에게 내리는 신의 명령이다.

사람이 죽으면 돌아갔다 하여 먼 하늘을 쳐다보는 것은 어쩌면 태초에 생겨난 곳을 향한 귀향 본능일 수도 있을 것 같다.

기왕이면 그 역할을 다하는 데 온 힘을 기울여 '온전한 곳', 그곳으로 한번 가 보자.

영혼이 머무는 곳이 위쪽을 향하여 바라보는 곳이라면, 더 늦기 전에 지구 환경도 재촉하고 있으니 시도해 보는 것이야말로 손해 볼 일만은 아니지 않겠는가.

어쩌면, 신(神)은 본성을 잃어버린 인류에게 찬란한 과학을 주어 그들의 대체재를 스스로 창조(?)할 수 있게 하여 그 역할을 맡기려고 준비하고 있을 수도 있다.

재물에 목숨을 거는 황금 맹신의 심리를 백분 이용하는 것이다.

11
목성인

『천부경(天符經)』은 다음과 같이 밝히고 있다.

運三四成環五七

(운삼사성환오칠)

: "토성과 천왕성이(태양을 따라) 운행하여,
지구와 목성의 대기권을 이루었다."

『천부경(天符經)』은 태양계의 역사이다.

환인상제가 후손에게 알려주는 우주 정보다.

나아가서는 우리 민족이 인류 최초의 민족임을 말해 주고 있다.

경(經)은 목성도 지구와 같은 대기권을 가지고 있다고 한다. 허파로 숨 쉴 수 있고, 잎으로도 호흡할 수 있는 공기를 가지고 있다는 것이다.

공기는 질소(N_2) 78%, 산소(O_2) 21%, 아르곤(Ar) 0.93%와 이산화탄소(CO_2) 및 수증기 등이 섞인 혼합 기체이다.

공기는 모든 생명이 마음껏 활동할 수 있는 공간을 제공하고, 외부로부터의 위험(운석 충돌 등)도 막아 주며, 유해한 독가스도 정화해 내며, 삶이 다하는 날까지 생명을 지속해서 보존할 수 있게 한다.
그런 공기가 존재하려면 물은 필수적이다.

물이 있는 별(행성)은 지구처럼 푸른색을 띠게 된다.
당연히 목성도 우선은 푸른색을 띠어야 하는 것이 맞다.

허나, 우리가 지금껏 알고 있는 목성은 그 빛깔이 대체로 누르스름한 엷은 황색을 띠고 있다.
물론, 이 사실을 알게 된 것은 NASA(미국항공우주국)의 노력 덕분이라고 할 수 있다.

〈NASA가 촬영한 목성〉

NASA에 의하면 목성의 환경 조건은 생명체는 도저히 살 수 없는 독성 가스로 가득 찬 행성이라고 한다. 우리들 역시 그렇게 학습했다.

그런 목성이 지구와 똑같은 대기권을 가지고 있다고 『천부경(天符經)』은 밝히고 있는 것이다.

하기야, 경(經)의 나이가 최소한 오천 년에서 만 년 정도이니, 그 당시 목성의 환경과는 다를 수도 있을 것이다.

과학자들에 의하면 지구의 나이는 대략 45억 년 정도이고, 목성은 46억 년 정도라고 한다. 허나, 그것은 어디까지나 지구의 몇몇 과학자가 말하는 주장이다.

『천부경(天符經)』은 다음과 같이 밝히고 있다.

大三合六生七八九

(대삼합육생칠팔구)

: "화성, 목성, 토성, 천왕성, 해왕성, 무명(無名)성이 천·
지·인 변화의 조화로 수성, 금성, 지구를 탄생시켰다."

그들의 주장을 바탕으로 경(經)에 의해 추정을 하더라도
목성은 적어도 100억 년은 더 된 행성이다.
약 30년 전에는 지구의 나이가 20억 년이라고 말하던 때
도 있었다.

새로운 사실이 나타나면 진실은 얼마든지 또 바뀔 수 있
으며, 그 많은 세월 동안에 무슨 일이 발생했는지는 알 수
없다.

우주의 속성대로 자연적인 폭발이 있었을 수도 있고, 높
은 지능의 생명체가 있어 지구의 인류보다 더 높은 과학 문

명으로 만들어 낸 엄청난 무력에 의해 핵전쟁이 있었을 가능성도 얼마든지 있기 때문이다.

덩어리로 치면 지구보다 무려 50억 년 이상이나 더 앞서 있다.

오늘날 우리는 우주에 관한 신비가 하나씩 풀리는 세상에서 살아가고 있다.

그뿐만 아니라 근 미래에는 우주여행까지 상업화될 예정이다.

이렇게 인류의 천문 과학이 괄목할 만한 발전을 이룬 것은 우주에 대한 끊임 없는 연구와 탐사가 있었기 때문에 가능했던 일이다.

거기에는 NASA의 노력이 컸다고 우리는 알고 있다.
그들의 연구, 탐사 성과는 곧 진실이 되어 많은 사람에게 제공되고 학습되는 것이다.

새로운 사실이 나타나도 마찬가지다. 기존의 진실은 파기

되고 거기서부터 새 진실이 곧 만들어진다.

　조금 달리 말하면 언제든지 진실은 수시로(편의에 의해) 바뀔 수 있다는 말이다.

　예를 들면, 태양계의 구성이 있다. 태양계는 당초에는 항성인 태양 1개와 행성 9개, 즉 수성, 금성, 지구, 화성, 목성, 토성, 천왕성, 해왕성, 명왕성으로 구성되어 있다고 했으나, 언제부턴가 명왕성을 퇴출시키고 현재는 태양 1개, 행성 8개가 진실이 된 것과 같다.

　2016년 지구에서는 인류사적인 사건이 연이어 발생했다.
　바티칸 교황청에서 현직 교황(프란치스코)이 "외계 생명체는 존재한다."라고 발표했다. 일종의 충격이었다.

　그들이 누구인가.
　우주에는 지구에만 생명체가 존재한다고 했으며, 사람들 중에서도 신(神)으로부터 가장 축복받았다고 권세를 누리던 종교가들이 아니던가.

　그래서 스스로 고귀함을 더 자랑해 온 종교가 아니던가.
　모든 종교의 대부인 듯, 위세를 떨치던 그들이다.

그러자, NASA에서는 서두르듯 바로 발표했다.

"외계 생명체는 존재했다. 그러나 그들은 모두 죽었
다."

그들은 또 누구인가.

오늘날까지 전 세계인에게 보란 듯이 그렇게도 집요하게 외계인의 존재를 부인하던 장본인이 아닌가. 그런 그들이 이제는 바티칸에 체면을 구기지 않겠다는 듯, 그리고 아는 사실이 또 있다는 듯, 이유를 덧붙였다.

그 이유가 재미있다.

"그들의 과학 문명은 너무나 발전했고, 그로 인
해 심각한 부작용이 발생하여 되돌리려 하였으
나, 이미 돌아오지 못할 다리를 건너고야 말았다."

어떻게 알았을까. 너무 자세하게 알고 있지 않은가. 우주 속 미지의 생명체를 찾고자 그렇게도 우주선을 쏘아 올린 그들이 외계 생명체의 존재와 멸망 사실까지도 알고 있었던 것이 아닌가.

묘비라도 세워 주려 했던 것인지는 알 수 없다.

거기에 그들이 한 말이 더 있다.

> "지구에서도 그와 같은 징후가 나타나고 있
> 다. 직접적으로 바로 이야기할 수는 없지만, 여
> 러 가지 정황과 데이터를 보면 알 수 있다."[25]

꼭 남의 일을 말하는 듯하다. 다시 말해서 종말이 보인다
는 이야기가 아닌가. 그런 징후가 있게 된 원인은 그들도 전
혀 무관하지 않다.

NASA는 현재까지 지구 군비 축적의 주동자적인 역할을
해 온 기관이 아니던가. 더구나, 필자가 기억하기로는 해당
내용을 발표한 NASA의 과학자는 우주 다큐멘터리 〈코스
모스〉의 진행자로 영상 속에서 "지구에서 자신이 속한 종
의 승패를 스스로 판단할 수 있는 종은 인류뿐이다."라고
말하기도 했던 인물이다.

즉, 수수방관하듯 징후를 말할 처지가 아니다.
아니면 혹시 그들은 지구가 고향별이 아닌가?

---

25) 이 대목에서는 컴퓨터가 생각나고, 인공지능이 떠오른다.

이제껏 과학과 종교는 서로를 부정하는 모습들을 보여 왔다. 거기에는 바티칸과 NASA의 역할이 과히 크다고 할 수 있다.

그런 그들이 거의 동시에 발표한 것이다.
한쪽은 "외계 생명체는 존재한다."라고 했고, 또 한쪽은 "외계 생명체는 존재했으나 모두 죽었다."라고 했다.

그들의 관계가 실로 궁금하다.

어쨌든 우주 속 생명 탐사의 흥분은 꽤나 멀어지게 되었다. 그동안에는 탐사를 빌미 삼아 숱한 무기들을 만들어 왔는데, 그 목적이 퇴색되니 또 다른 구실이 필요해 보인다.

그래서 다음으로 내놓은 것이, 이제는 외계 생명체의 지구 침공에 대비해야 한다고 할리우드 영화를 이용해 전 세계인을 세뇌시킨다.

외계인은 이유를 불문하고 적이 되어야 하는 셈이다. 우리의 아이들도 "지구를 지켜라!" 하며 뛰어논다. 이제 외계

인쯤은 아무렇지도 않게 생각한다.

　그뿐만이 아니다. 우주여행과 우주 자원 개발도 명분의 하나가 됐다. 여하튼, 발표를 서두르는 모양새가 마치 꼭꼭 숨겨 왔던 비밀이 탄로 나서 세상 사람들에게 알려지자 서둘러 수습하려고 하는듯한 느낌을 준다.

　어찌 되었든 지켜볼 일이다.

　그러다가 2018년경에 NASA는 특수 촬영 장비를 이용하여 목성을 이미지 처리한 사진이라며 뜬금없이 한 장의 사진을 공개했다.

〈NASA가 촬영한 목성〉

푸른색이다!

우리가 사는 지구와 똑같은 푸른색이 아닌가.

NASA는 또다시 새 진실을 만들까?

확정된 것은 들은 바가 없다.

만약, 목성에 지금도 생명체가 있어서 지구 인류와 같은 지능 높은 종이 있다면(*분명 그럴 것이지만*), 그들을 어떻게 호칭해야 할까.

태양계를 벗어나야 외계인이지만, 목성은 같은 태양계 내에 있는 별이니 달리 불러야 할 것 같다.

그들은 '목성인'이다.

『천부경(天符經)』에서 목성의 정보를 알려준 것은 지구와 밀접한 관계에 있음을 암시하는 것일 수도 있다.

NASA 발표자의 말과 같이 (핵폭발 등으로) 모두 죽지 않고 살아 있다면, 그들은 고도의 과학 기술을 활용하여 이미 지구에서는 꿈이 된 우주여행도 마음껏 하면서 다닐지도 모르는 일이다.

요즘 각광 받는 UFO를 타고 지구에도 왔을 수도 있다.

아니, 그 옛날부터 지구를 오갔을 가능성도 충분히 있다.

아예 눌러 붙어 살고 있을지도 정녕 모르는 일이 아니겠는가.

만약, 진짜 목성인이 존재한다면, 정겨운 이웃 별의 아름다운 벗이 되면 좋겠다.

다음 암각화는 환인천제 때 새겨진 것으로 추정되며, 당시 민족의 영토인 환국에 위치해 있다.

현재는 중국의 쓰촨성(사천성) 닝샤후이족자치구(영하회족자치구)에 있다.

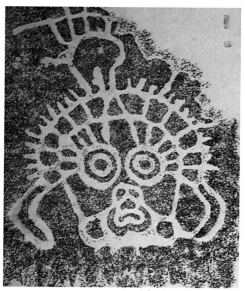

〈암각 벽화〉[26]

---

26) 일명 원숭이 벽화. 현재 거꾸로 있는 상태이며, 돌려보는 쪽이 정면이 된다.

○ 내용

인류의 기원과 인류 문명의 진화 과정을 예측하여 압축된 형태로
나타낸 것으로 추정된다. 암각화 중 눈 부분은 지구와 목성을 뜻
하는 것으로 보인다.

12

인류의 기원

우주에 존재하는 모든 것은 그 본성에 따라 속성을 가진다. 끊임없이 회전하고, 포용하는 모든 것을 회전하게 한다.

위, 아래, 사방에서 서로 잡아당기며 평형을 이루어 회전을 이어가고 있다.

작은 별에서부터 무리 지은 태양계도, 그 무리가 또 무리지은 은하들도 제각각 회전하며 대우주의 큰 회전을 따라 쉼 없이 돌아간다.

별들이 허공에 둥실 떠 있는 것도, 은하들이 물 흐르듯 은하수를 이룬 것도 이 때문이다.

회전하는 각각의 은하에서는 중심부(핵)가 생겼고 에너지
가 거대해지자 물질이 생겨났으며, 그렇게 생긴 작은 입자
들은 서로 모여 덩어리를 만들었고, 점점 몸집을 부풀린 거
대한 덩어리는 무게가 힘에 겨워 폭발하고, 그 여파는 이웃
한 별들에 충격을 가해 몇몇 별의 희생도 받아냈다.

폭발로 확보된 공간에서 덩어리와 분진들은 속성에 따른
회전력으로 다시 모여들어 홀로 돌아가는 항성(태양)을 하
나둘씩 만들었다.

이웃한 위, 아래, 사방에 있는 항성들의 인력 때문에 미
처 따라오지 못한 덩어리들은 그 자리에서 맴돌며 남은 분
진을 끌어모아 항성을 따라 도는 몇몇 행성을 만들어 태양
계를 이루었다.

이는 모든 태양의 힘을 바탕으로 한 우주의 본성(역할=하
느님)에 의해 이루어지며, 시작과 끝도 없이 반복하여 이어
진다.

하나둘씩 늘어난 태양계는 무리 지어 은하를 만들었고,
신생 은하가 생길 때마다 앞선 은하들은 그만큼 뒤로 물
러서서 대우주의 회전력에 의해 중심부를 에워싸는 형국

이 되었다.

마치 양파 껍질처럼 무정형으로 층을 이룬 은하들은 늘어나는 태양계가 있을 때마다 점점 몸집을 부풀렸고, 덩치와 속도를 유지하는 데 힘에 겨워지면서 작은 은하들을 떤구어 냈다.

그렇게 분리된 신생 은하에서도 가장 신생 태양계에서는 열 개의 거대한 별들이 탄생했다. 그리고 그 별들에서 인간(생명체)이 생겨났다.

『천부경(天符經)』은 다음과 같이 밝힌다.

一積十鉅無匱化三

(일적십거무궤화삼)

: "우주(태양계)는 열 개의 거대한 별들을 먼저 이루고, (남은 기운은) 공간이 부족하여 인간으로 변했다."[27]

바로 이곳에서 있었던 상계 인간과 하계(지구 태양계) 인간

---

27)　폭발로 확보된 공간이 먼저 생긴 별들의 덩치에 따라 미치는 인력으로 한계가 왔기 때문이다.

사이의 역사를 구전으로 전한 것이 지구 인류의 신화이다.

그들의 역사는 모두 같았으나 인류는 세월이 흐르면서 민족마다, 나라마다 그들의 필요에 따라 모방, 인용, 변형, 추가, 왜곡을 불러왔다.

그러다 1852년 아시리아의 한 도서관에서 『길가메시 서사시』가 기록된 점토 서판이 최초로 발견되었다. 이후 추가 발굴 및 해독으로 세상의 빛을 보면서 신화에서 역사적 사실로 사람들에게 알려지게 되었다.

『길가메시 서사시』는 지금의 이란, 이라크에 존재했던 옛 수메르 문명의 제1왕조 5대 왕인 길가메시가 집권 말기에 남긴 것이다.

서사시는 표현 방법이 숨겨져 있고 비유적이기 때문에 있는 그대로 받아들이면 이해하기가 쉽지 않을 뿐만 아니라 바른 풀이를 할 수 없다.

상계 인간이 지구인에게 알려주기 위한 것들도 마찬가지이다. 동양의 설화인 「견우와 직녀 이야기」, 「선녀와 나무꾼

이야기」 등이 그러하다.[28]

 본론에 들어가기 전에 먼저 이해해야 할 부분이 있다.

 첫째, 상계와 하계의 인간은 우주에서 그 자격이 다르지 않다. 다만, 먼저 이루어진 태양계의 인간이 나이가 많아 우월권은 있을 것이다. 또한, 문명을 일으킨 별에서는 높은 과학 문명으로 하계의 인간을 통제할 수도 있을 것이다.

 둘째, 모든 인간은 하느님*(진정한 신)*의 일부로서 신의 자격을 가진다.

 셋째, 모든 태양계의 초기 생성 때는 모든 인간이 영생한다.

 넷째, 상계 인간과 하계 인간의 유전자 결합으로 태어난 생명체가 사람이다.

 다섯째, 인간은 모든 자연 생명체를 지칭하는 것이며, 서

---

28) 해외여행권을 엔키에게서 획득한 금성의 인안나 무리가 지구로 나들이하러 온 것이 「선녀와 나무꾼 이야기」이다.

사시의 인간은 지구에서는 동물로 알고 있는 존재들이 주 대상이며, 이를 의인화한 것이다.

여섯째, 내용 중 도시는 지구 태양계의 태양과 달 그리고 각 행성을 의미하며, 서사시의 표현과 현대적 명칭을 겸용 했다.[29]

서사시는 대홍수 이전의 역사와 이후의 역사가 합쳐진 역사이며, 대홍수 이전의 역사는 수메르의 한 도시인 슈루파크(목성)가, 이후의 역사는 니푸르(지구)가 그 배경이다.

그 어떤 사유로 인해서 목성에서 대홍수가 발생하였고, 살아남은 사람과 인간이 우주 함선을 타고 항해하여 지구 의 수밀이국(12분국 중 하나) 땅으로 들어온 것이다.

불교에서 말하는 수미세계가 태양계를 뜻하듯이, 수메르 또한 태양계를 뜻하고 있다.

불교적으로 제석천왕(엔릴)과 대범천왕(엔키)이 초기 개척

---

29) 불교에서 말하는 수미세계의 9산과 태양, 달이다.

을 위해 같이 머물렀던 수미산이 바로 슈루파크(목성)이며,
이곳에서 있었던 상계 인간과 하계 인간의 역사이다.

수미세계와 수메르 그리고 수밀이국 등이 모두 유사한 용
어인 것은 인류에게 나타나는 신과 그들의 역사가 모두 같
기 때문이다.[30]

광활한 땅 위에 있는 모든 지혜의 정수를 본 자가 있었다.

모든 것을 알고 있었고
모든 것에 능통했던 자가 있었다.
그는 신들만의 숨겨진 비밀을 알았고
그 신비로운 베일을 벗겨 냈으며
홍수 이전에 있었던 사연을 일러주었다.

그것은 길가메시의 천기누설이었다.

---

30) 풀이를 위해 국내 학자의 해석본을 인용하였다.-『최초의 신화 길가메쉬 서
사시』-김산해, 2018. 10. 01. 발행, ㈜휴머니스트 출판그룹.

1) 홍수 이전

슈루파크(목성)의 황금시대 때의 전설을 살펴보자.

그 전에, 지구 태양계가 이루어지자 천계의 인간[31]들은 이권을 두고 은하 간 우주 전쟁을 벌였다.

동양에서는 견우와 직녀의 사랑 이야기로 전해지는 이 전쟁에서 우리 은하의 실권자인 엔릴신(神)이 먼저 이루어진 황소자리 은하의 실권자인 엔키신(神)을 굴복시켰고, 침범의 대가로 엔키신을 하계의 땅(수메르)으로 쫓아내면서 목성의 신화가 시작된다.

다음은 신화에 나타나는 신들의 계보이다.

---

31)   이후로 신이라 부르게 되었다.

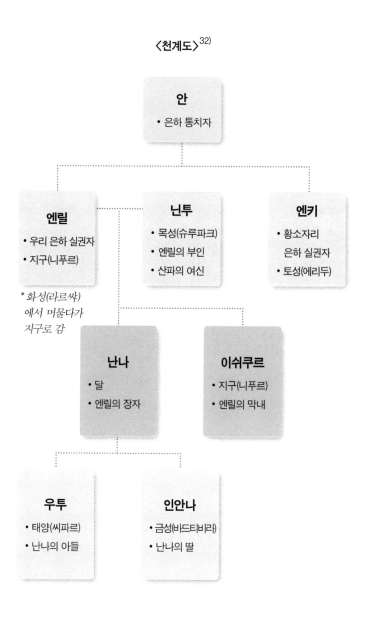

〈천계도〉[32]

안
- 은하 통치자

엔릴
- 우리 은하 실권자
- 지구(니푸르)

* 화성(라르싸)
에서 머물다가
지구로 감

닌투
- 목성(슈루파크)
- 엔릴의 부인
- 산파의 여신

엔키
- 황소자리
  은하 실권자
- 토성(에리두)

난나
- 달
- 엔릴의 장자

이쉬쿠르
- 지구(니푸르)
- 엔릴의 막내

우투
- 태양(씨파르)
- 난나의 아들

인안나
- 금성(바드티비라)
- 난나의 딸

---

32)   견우와 직녀 이야기는 은하가 독립적으로 회전한다는 증거이다.

2) 서열

① 초기

: 안-엔릴-엔키-난나-우투-닌투-인안나-이쉬쿠르

② 후기

: 안-엔릴-엔키-난나-우투-아쉬쿠르-인안나-*(닌투)*[33]

엔릴은 우리 은하의 실권자이며 지구 태양계의 각 행성에 친족*(使者)*들을 배치해 통치*(관리)*하도록 했다.

그 이전의 수메르에서는 엔키의 무리*(아눈나키)* 삼백이 먼저 각 도시*(행성)*를 관리하며 기초를 닦았고, 이후에 엔릴의 무리*(이기기)* 삼백이 하강하면서 총 육백의 신들이 있었다.

3) 수메르 신들의 강림부터 인간 창조까지[34][35]

041-땅에는 아눈나키 삼백

---

33) 이쉬쿠르가 새로이 등극했다.

34) 여기에서 인간은 사람을 뜻한다. 원제목을 그대로 사용했다.

35) 번호는 점토 서판의 표현이다.

042-하늘에는 이기기 삼백

043-그때에

044-육백의 신들이 있었다.

이때는 신들만이 존재하던 시절이었다*(사람을 만들기 전이
었으므로).*

001-옛날에

004-천신들이 땅으로 내려왔다.

009-최초로 땅으로 강림한 신들

012-아눈나키였다.

무리의 우두머리는 엔키였다.

엔키는 우리 은하와는 멀리 떨어져 있는 황소자리 은하
에서 침공해 왔던 것이다.

051-최초로 강림한 곳에서 멀리멀리 여행한 엔키

053-최초의 개척자 엔키는 한 도시를 세웠다.

054-습지 위에 세워진 인공적인 도시 에리두[36]

---

36) 엔키의 하계 거처.

엔키는 전쟁에서 패한 이후 하계(수메르)의 땅인 토성으로
내려왔다.

021-최초로 신들을 몰고 내려온 큰 신이었다.
023 모두 합치면 삼백이었다.

엔키는 구세주이자 사람을 창조한 창조주이다.
그가 스스로 했던 말이 『엔키와 세계 질서』로 명명된 점
토 서판에 나타난다.

"나는 야생 황소에 의해 태어난 충실한 씨이며, 안
에게서 첫 번째로 태어났다."[37)38)]

"나는 넓은 땅 위로 올라가는 거대한 폭풍이며, 위
대한 땅의 주인이다. 나는 모든 통치자의 지배자이
며, 모든 외국 땅의 아버지다."[39)]

---

37) 비유적으로 나타냈으며, 황소자리 은하의 핵이 폭발하여 이루어진 어느
태양계의 한 별에 존재하는 인간이라는 뜻이다.

38) 첫 번째 태어남은 안이 통치하는 은하로부터 먼저 떨어져 나온 은하를
뜻한다.

39) 땅의 신은 엔릴이고, 해(海)신이 엔키이다. 이 부분에서 침략 근성이 보
인다.

이후, 엔릴의 무리 삼백이 하강하여 육백의 신들이 기존 수메르의 인간(하급 신)들과 함께 노역에 참가했다.

노동은 하급 신들의 몫이었으며, 기나긴 세월 동안의 노동으로 지친 하급 신들에게서 불평불만이 터져 나왔다.

대홍수 이전에 길가메시의 조상이었던 우트나피쉬팀의 고향은 슈루파크(목성)였으며, 황금시대에 신들이 세운 '최상의 복지'가 있는 곳이었다. 그러나 세월이 흐르며 이곳에서 문제가 발생하기 시작했다.

슈루파크의 인간들은 과한 노동으로 고통의 나날들을 보냈다.

그들이 하는 일은 목성의 자연을 가꾸는 일이었다.

강바닥과 땅의 생명선을 정리해야 했고, 티그리스강과 유프라테스강을 파내야만 했기에 노동의 짐을 떨쳐버릴 수가 없었던 것이다.[40]

결국, 상급 신들의 무리한 강요가 화근이 되었다.

---

40) 목성에 존재하던 모든 생명체의 역할을 뜻한 것이며, 지구에서의 지명과 강의 명칭은 목성에서 사용하던 명칭이다.

129-하급 신들은 결국 폭동을 일으켰다.

130-다들 잠든 오밤중

131-포위된 에쿠르(엔릴의 신전)

136-백지장 같은 엔릴의 얼굴

137-하늘에서 아누(안)가 내려오고

138-압주의 왕 엔키가 동석하니

139-신들의 비상 대책 회의가 열렸다.

압주는 엔키의 성소, 지하세계 혹은 저승, 광물이 생산되는 곳 등의 뜻이 담겨있다. 에리두(토성)이다.

서판의 내용을 보자.

> *"에리두 너의 그림자는 바다 한가운데까지 퍼져나*
> *간다!"*

토성의 고리를 의미한다.

토성은 『천부경(天符經)』에서도 나오듯이 태양계의 나쁜 기운을 빨아들이는 정화 행성으로서 천왕성과 함께 기능성 행성이다.

『천부경(天符經)』에서는 다음과 같이 말한다.

運三四成環五七
(운삼사성환오칠)

: "토성과 천왕성이 (태양을 따라) 운행하여
지구와 목성의 대기권을 이루었다."

이것이 저승의 역할도 담당한다고 볼 수 있을 것이다.

마침내, 신들의 비상 대책 회의에서 작은 신들의 노동을
대신할 사람을 만드는 계획을 만장일치로 결정했다.

> *175-운명을 정하는 집*
>
> *177-엔키와 닌투가 그곳으로 들어가서*
>
> *178-출산의 여신 열넷[41]도 그곳에 집결해서*
>
> *179-엔키의 감독하에 한 신의 정수를 확보해서*
>
> *180-그것과 흙이 섞여서*
>
> *181-그것 열네 뭉치가 열네 여신의 자궁으로 투입되니*

---

41) 야생 들소의 신 14.

182-닌투가 여는 손을 이용하여

183-운명이 점지된 열 번째 달에 그들의 자궁을 열어

184-사람이 나왔다.

189-슬기로운 창조주가 해낸 일이었다.

이 모든 것은 엔키의 주 거처인 에리두의 '숨'을 불어넣어 생명을 만들어 내는 집-비트쉼-티'에서 실행되었다.

수메르의 주인이자 실권자인 엔릴을 제치고 사람의 창조주로 올라선 것이다.

당연히 노동자의 관리는 엔키의 무리가 하였지만, 엔릴도 강림하면서 땅의 지배자가 되자 그에게도 원시 노동자가 필요하였다.

그러나 엔키가 쉬이 노동자를 내어주지 않자 엔릴은 분개하여 엔키의 본거지(에리두)를 무력으로 제압하고, 원시 노동자들을 니푸르(지구)로 끌고 와서 고된 노동을 강요하였다.

그렇게 세월은 흐르고, 사람의 수가 점점 늘어나자 슈루파크에서는 여러 문제가 발생했다. 자유를 원하는 사람들이 과거 하급 신들이 일으켰던 폭동을 다시 재현할까 두려웠던 엔릴은 심기가 불편했다.

특히, 신들과 사람이 낳은 자식들 간의 잦아지는 성적 접촉이 그를 화나게 하고야 말았다.[42]

4) 인간[43] 창조 이후부터 대홍수까지

07-에딘[44]에서 쫓겨난 사람들은

12-그 수가 점점 늘어났고

14-커다란 운하를 파서(환경파괴)

15-노동으로 먹거리를 만들고(산업화)

16-음식을 만들어 신들에게(엔키의 무리에게) 바쳤다.

17-사는 땅도 넓어지고 머릿수도 늘어나(인구수가
 불어남)

---

42) 엔릴의 입장에서는 그의 소유의 태양계에서 사람을 만든 창조주의 명예를 엔키에게 빼앗긴 것이고, 게다가 사람들은 엔키를 추종하였고 금기된 신들과의 성적 접촉도 어겼으므로, 엔릴의 미움은 극도로 컸을 것으로 추측된다.

43) 사람을 인간으로 썼다.

44) 슈르파크 최고의 복지 도시.

18-땅은 야생 황소처럼 울어대고[45]

19-인간들의 울부짖음으로 인해

20-엔릴은 심기가 어지러웠다.[46]

　당초 목적과는 달리, 슈루파크(목성)의 사람들이 본성을 잃어버리고 갈수록 사악해지는 것을 도저히 참을 수가 없었던 엔릴은 끝내 사람을 제거할 심산이었다.

　심각한 역병과 굶주림과 가뭄의 고통을 거듭하여 주었지만, 번번이 엔키의 방해로 뜻을 이루지 못하였다.

48-엔릴은 분노했다

49-"엔키, 너 때문이다!"

50-"엔키 편에 모반이 있다."

51-구세주는 시치미를 뗐다

52-"난 모르는 일이야."

53-엔릴은 다가오는 대재앙을 알고 있었다.

54-사람을 절멸시킬 마지막 기회였다.

---

45)　제사를 위해 살육되는 인간 황소의 비명처럼, 개발을 빙자한 피폐한 땅에서 작은 생명들이 고통에 몸부림친다.

46)　인간은 엔릴의 자식들이다.

마침내, 계획이 시행되었다.
그것은 핵폭발이었다.

목성에서 살아남은 최후의 생존자인 우트나피쉬팀이 대
홍수가 일어나게 된 상황을 지구에서 후손인 길가메시에게
전해 주는 이야기는 이러하다.

> *"기절할 것 같은 전조가 하늘을 덮쳤고, 빛나던 모*
> *든 것이 어둠으로 변해버렸어. 땅은 단지처럼 깨져*
> *버렸지. 하루 종일 남풍이 불었고…, 거세게 불었고,*
> *산들을 물속에 잠수시켰지, 신들은 개처럼 움츠리*
> *고 외벽에 웅크렸어…. 6일 낮, 7일 밤 동안 바람과*
> *홍수가 몰려왔고, 땅을 쓸어버렸지."*[47)48)]

55-대홍수가 밀려들고 있었다.
57-사람에게는 알리지 않기로 맹세했다.

---

47) 현대의 핵 전문가에 따르면 서사시에서 표현하고 있는 멸망의 원인이 핵
    폭발의 상황과 같다고 한다.
48) NASA에서 촬영한 목성의 모습은 핵폭발의 영향 때문이었다. 세월이 흘
    러 안정되면서 본 모습을 찾아가고 있을 것이다.

까맣게 몰랐던 엔키는 반발하였으나, 회의에 참석한 신들이 만류했다.

62-"그것은 엔릴의 소관입니다."[49]

64-"다들 입을 다물고 지켜만 봅시다."

67-엔키는 사람의 구세주였다.

68-"집을 부수고 배(우주 함선)를 만들라!"

69-"홍수를 피해 생명을 배에 태워라!"

70-엔키가 갈대 벽에 대고 하는 말들이다.

71-엔키의 사제(우트나피쉬팀)는 알아듣고 있었다.[50]

72-천기누설이었다.

73-대홍수로 살아남은 사람이 있었다.

74-유일한 생존자가 있었다.

75-엔키에게 충실했던 종은

76-불멸의 도가 트여

77-영생을 얻게 되었다.

---

49) 은하의 주인은 엔릴이므로.

50) 우트나피쉬팀은 유대 민족의 베레쉬트(성경)에서 노아로 등장한다. 성경에 나오듯이 노아가 900여 년의 긴 세월을 살았던 이유도 목성의 영생 때문이었다. 그리고 사망한 것으로 되어 있으나 진실은 알 수 없다.

78-생존자 우트나피쉬팀은

79-신들만이 살 수 있는 제한구역에서

80-거룩한 도시며

81-깨끗한 땅이며

82-빛나는 낙원인 딜문 동산(지구)에서

83-병도 폭력도 늙음도 없는 파라다이스에서

84-영원히 살 수 있는 목숨이 되었다.

85-대홍수가 땅을 휩쓸었다.

이후, 작은 신(인간-동물)들을 배(우주 함선)에 태운 우트나피쉬팀은 머나먼 바다(우주 공간)를 지나 엔릴의 주 거처인 딜문(낙원)의 땅인 니무쉬산(니푸르, 지구)의 수밀이국으로 옮겨왔다.

이 사실을 후에 알게 된 엔릴은 그곳에 모여 있는 엔키에게 회의의 비밀을 누설한 것을 책망하였고 특히 휘하의 이기기 신들을 향해 격노하였다.

그러나 엔키가 우트나피쉬팀이 생명을 중시하여 자발적으로 벌인 일이라 변명하며 호소하자 마음을 돌린 엔릴은 우트나피쉬팀을 가상히 여겨 영생마저 부여하고 휘하 군사들을 시켜 유프라테스강의 물길을 돌려 강의 입구에 터전을 잡게 했다. 그리고 이름 붙여 수메르라 하였다.

> *87-하늘에서 왕권이 두 번째로 내려왔고*[51]
> *88-키쉬가 왕권을 잡았다.*

목성에서의 비운의 역사를 뒤로한 채, 지구에서의 새 삶이 시작된 것이다.

서양 역사의 시작(후발)은 초기 14분국으로 출발했다.[52]

우루크의 제1왕조 5대 왕인 길가메시는 조상들이 있었던 옛 수메르의 찬란한 문명을 지구에서 재현하였다.

> *태양이 뜨는 곳으로 여행한 자다*
> *영생을 찾기 위해 세상 끄트머리를 여행한 자다*
> *오로지 그의 힘 하나만으로, '멀리 있는 자'인 우트*

---

51) 지구로 내려온 뒤 새로이 사람을 만든 것이 서양의 조상이다.

52) 산모 열넷 여신들에게 각각 땅을 나누어주었다.

나피쉬팀을 만난 자다[53)]

홍수가 휩쓸어버린 신성한 곳들을 되돌려놓은 자다

길가메시는 우트나피쉬팀에게 전해 들은 수메르의 각 도시를 이제는 지구의 수메르 땅에서 작은 도시들로 압축하여 재현하였던 것이다.[54)]

한편, 엔릴은 엔키에게 수메르의 각 도시를 개척하게 하고 이후에 고문관으로 강림하여 이를 감독하였다.

집무실은 엔키가 미리 마련한 신전으로 목성의 가장 높은 곳에 두었고, 임시 거처로 엔릴이 강림한다는 소식을 듣고 먼저 세운 도시인 라르샤(화성)에서 6샤르 동안 머물렀다.[55)]

이 세월이 주 거처인 니푸르(지구)에 입성하기까지의 세

---

53)   우트나피쉬팀이 제한구역에 있으므로.

54)   어쩌면, 그들은 목성에서의 비운의 역사를 숨기고, 지구에서 계속해 삶을 이어 왔던 것처럼 해서 이 땅의 주인인 것처럼 행세하려 했을지도 모르는 일이다.

55)   6샤르는 21,600년이다. 화성은 여러 도시 중에서도 그의 친족들이 배치되지 않은 도시였으므로, 엔릴은 지구로 오기 전에 여기에서 먼저 자손을 두었을 것이다.-서사시 내용에는 없음.

월이다.

니푸르로 바로 입성하지 않은 이유는 다음과 같이 추측할 수 있다.

목성보다 늦게 이루어진 지구는 태양계에서 생명체가 살 수 있는 행성 중에서도 아직 개발되지 않은 유일한 신들만 존재했던 행성이었다. 즉, 다른 행성들은 이미 인간이나 사람이 존재하고 있었다.

그러나 목성에서의 사태로 큰 신들 간의 대책 회의가 있었고 그 결과로 지구에서는 유한 생명들만 살 수 있도록 하여 목성의 사태와 같은 참담함을 미연에 방지키로 하였던 것이다.

그러나 그것은 너무나 큰 아픔을 감내해야만 했다.

오로지 작은 신들만이 존재하던 지구를 원치 않게 멸하지 않을 수 없었기 때문이다. 그들 모두는 엔릴의 자식이 아닌가.

때가 되자 목성에서의 아픈 일들이 지구에서도 벌어졌다.

가장 큰 이유는 목성의 사람들은 신들처럼 영생하는 존재였는데, 높은 지능을 가진 사람들이 영생하게 되면 신들에게 지속적으로 도전할 수도 있는 사실이 불안했다.

마침내 청천벽력 같은 혹성 충돌이 실행되었고, 이로써 지구에서는 해환육천(海幻陸遷)이 일어났다.

우주의 시간이 흐르고 또다시 헤아릴 수 없을 만큼의 시간이 지나 지구는 내성견상(乃成見象)하였고, 하늘이 다시 열린 그때는 대기가 변해 있었다.
영생이 사라져 버린 것이다.[56]

때가 되자 엔릴은 수메르에서 가장 신령스러운 곳이자 주 거처인 니푸르(지구)에 강림하였고, '하늘과 땅을 이어주는 곳'인 두르안키[57]에 거하면서 자손(막내아들)을 낳아 다스리게 했다.

---

56) 지구로 들어온 우트나피쉬팀의 영생은 제한구역이라 하였다. 지구에서도 영생의 장소는 있을까? 그러려면 공기와는 접촉이 되어서는 안 된다. 어디일까? 물속 깊숙한 곳일까, 아니면 땅속 깊숙한 곳일까?

57) 지구에서 가장 높은 산으로 추측된다.

막내아들의 이름은 이쉬쿠르(단군)였고 엔릴은 직권으로 아들을 큰 신의 반열에 등극시켰다.

목성의 신인 닌투를 퇴출시키고 그 자리에 등극시킨 것이다.

이쉬쿠르는 지구에 머물며 인간과 삶을 함께하는 사람으로서 남았고, 엔릴은 때가 되자 천계로 올라갔다.

그들이 바로 우리 민족의 역사에 등장하는 **환웅천왕과 단군이다.**[58]

> *"그곳은 너무 지나치게 말하는 사람의 목숨을 단축[59]해 버린다. 속임수, 반목하는 언사, 적개심, 상스러운 말이나 행동, 학대, 부도덕, 범죄, 곁눈질, 폭행, 중상모략, 오만, 방자한 언사, 이기주의, 거만은 가증스러운 것이기 때문에 이곳에서는 허용되지 않는다. 지구의 경계선에는 거대한 그물망[60]이 쳐져 있*

---

58) 환인천제가 하계, 즉 땅에서는 환웅천왕이다.
59) 목숨 단축: 변해버린 대기로 인해 죽음이 있음.
60) 그물망: 성층권의 전리층 등으로 추측된다.

고, 그 안에서 독수리[61]가 사나운 발톱을 넓게 벌리
고 있다. 사악한 자나 부도덕한 자는 그 지배에서 벗
어나지 못한다.”

목성에서는 멸망의 불씨가 되었고, 지구에서는 절대 금기
사항이 된 것이다.

이로써, 동양 역사는 초기 12분국으로 먼저 시작하였
다.[62]

목성의 작은 신들을 지구로 받아들인 엔릴은 모든 인간
을 귀하게 여기며 보살피도록 하여 다시금 사람 창조를 허
락하였던 것이다.

그것은 엔키가 목성에서 사람을 만들 때의 목적과는 확
연히 달랐다.
지구의 푸른빛이 영원하도록 역할을 다하라는 조건이었다.

---

61) 독수리: 태양신 우투를 말하며, 그 영향력 안에 있음을 뜻한다.
62) 산모 12여신에게 땅을 나누어 준 것으로 추측된다.-기록에는 없음.

그들(엔키의 후예들)은 신으로부터 벌 받아 버림받은 비운의 역사를 그렇게도 숨기고 싶었던 것인가.

아니면, 그 어떤 말 못 할 숨겨진 비밀이라도 있는 것일까.

이제는 엄연히 지구인이 되었고 지구에서 새 역사를 써온 지도 어언 반만년이 지났다.

허나, 그들의 역사는 핏빛으로 물들어 있고, 작은 신들의 세계인 대자연을 속속들이 파괴하여 짓눌러 버렸으며, 그 위에 타락한 문명을 부흥시킨 것을 자랑스럽게 여기고 있다.

또한, 이미 목성에서 앞선 문명으로 절멸을 가져온 과학을 부활시켰고, 그들 신의 속성인지는 몰라도 선량한 외국 땅을 무자비하게 침범하여 모든 것을 강탈해 갔다.

수많은 생명을 빼앗아 버렸으며 절절히 고통스럽게 하여 영혼마저 병들게 했지만, 정작 그들은 그들 사람이야말로 가장 귀한 존재이며 모든 것을 주관하도록 신이 허락한 것처럼 종교적으로 버젓이 명시하여 신도 통탄할 악랄한 짓거리에 대한 죄책감도 스스로 지워버렸다.

달콤하지만 삐뚤어진 과학의 편리와 향기로운 돈 내음을 풍기며, 변질된 종교와 폭력으로 무장한 정치로 전 세계인들을 손아귀에 넣으려 한다.

그러나 이는 신의 뜻을 배반하는 것이며, 배반하도록 선동하는 것이다. '지구의 푸른빛'이 사라지는 그날을 진정 원하는 것일까.

바벨탑의 시위로 겪었던 고향별의 재앙을 정녕 모른 체하겠다는 것인가.

NASA의 발표가 새삼 생각난다.

> "외계 생명체는 존재했다. 그러나 그들은 모두
> 죽었다. 그들의 과학 문명은 너무나 발전했고, 그
> 로 인해 심각한 부작용이 발생하여 되돌리려 하였
> 으나, 이미 돌아오지 못할 다리를 건너고야 말았
> 다. 지구에서도 그와 같은 징후가 나타나고 있다."

이방인처럼 이야기했을 그 과학자의 표정이 머릿속에 그려진다.

영생자 우트나피쉬팀은 지금도 살고 있을까.

고향별을 도저히 잊을 수가 없어서 돌아가고 싶어 할까.

찬란했던 목성에서의 삶이 그리웠기에 돌아갈 날을 목매게 기다리면서 후손들에게 우주선을 날려 보내 탐색하게 했던 것은 아닐까.

2018년경에는 한 민간 과학자가 촬영했다면서 NASA가 회복된 목성의 모습을 발표한 적이 있다.

시기적으로 보면 적절한 타이밍을 벗어난 의외였다.

아마도 너무 기쁜 마음을 주체할 수가 없었기 때문 아닐까.

엔릴은 동양인을 창조하였고, 자손들이 늘어나자 땅을 열둘로 나누어 관리하게 하였다.[63]

그중 하나의 분국인 수밀이국에 목성의 이방인들을 안착시켰던 것이다.

---

63) 열두 웅녀에게 땅을 배정한 것으로 추측된다.

이는 동서양의 화합을 유도하기 위한 것으로 보인다.[64]

지구로 들어오면서 목성의 인간(작은 신)들은 함구령이 내려져 말을 잃어버렸는지도 모른다. 천기를 누설치 말라는 신의 뜻이었을 것이다.

그러나 지구인들은 그들이 말을 못 해서인지 업신여겨 한낱 하찮은 동물로 추락시켜 버렸고, 갖은 생명 유린과 학대와 모멸 속에서 몸부림치도록 했다.

사람들은 스스로의 본성은 물론이고 인간의 본성조차도 빼앗아 버렸다.

그들의 천심을 앗아버리면 사람에게는 희망이 사라진다.

일종무종일(一終無終一)이 결코 멀리 있지만은 않을 것이다.

신(神)은 사람들에게 본성을 주었다.

---

64) 과거 페르시아 왕자비로 신라의 공주를 간택하여 혼혈인이 만들어지도록 한 것도 신들의 계획이었을지도 모르는 일이다.

昂明人中天地一

(앙명인중천지일)

: "세상에서 인간(생명체)이 가장 귀중하니
이를 높이 여겨 빛나게 하라."

『천부경(天符經)』의 운삼사성환오칠(運三四成環五七)에는 이런 깊은 뜻이 숨어 있었다.

환인천제는 후손에게 역사의 증거로 암각 벽화를 남겼다. 붙임으로 암각 벽화 해설과 벽화 풀이를 덧붙인다.

【붙임-암각 벽화 해설】

○ 역정면

〈암각 벽화(역정면)〉

- 표정: 우울함(슬픔)-작은 신들의 희생

- 동물 모양: 희생된 작은 신들(인간, 즉 들소, 공룡, 고래, 양, 매머드, 고양잇과 동물 등)

- 문자 순서: 동서 화합으로 인류 문명의 발전을 의미(녹도문자-산 스크리트문자-히브리문자-한자문자)

- 이마 부분 막대선(12선): 선발 동양의 12분국

• 머리 부분 막대선(14선): 후발 서양의 14분국

• 양 눈

 - 왼쪽 눈(턱과 연결): 지구(땅, 대기권, 성층권)

 - 오른쪽 눈(비 연결): 목성(땅, 대기권, 성층권)

• A문양: 동서 화합

○ 정면

〈암각 벽화(정면)〉

- 두상: 외계 인간의 모습으로 나타낸 천신(엔릴)

- 표정: 인자함(밝음)-인간에 대한 사랑 표시

- 양 귀

  - 오른쪽 귀(연결): 엔릴의 유전자

  - 왼쪽 귀(비 연결): 엔키의 유전자

- 유전자 끝부분

  - 오른쪽: 동서양 모두 주관

  - 왼쪽: 서양만 주관

- 양팔로 껴안은 모양: 지구와 목성의 인간을 모두 포용하는 모습

○ 벽화 풀이

"이르노니,

하늘 뜻에 따라,

너희를 있게 하여 그곳에 둔 것은,

그 땅이 빛나기 위함이니,

앞서간 영들의 희생을 엄숙히 하라.

모든 것은 신(神, 하느님)의 역사하심을 거룩하게 하며,

영원함을 위해서다.

세월이 많아지고 수가 늘수록,

나라마다 변해가며 번성할 것이나,

너희에게 주어진 본성을 처음처럼 하라.

그때가 되면

눈을 내려 지켜볼 것이다.

온 인간을 귀히 여겨 빛나게 하라.

이것이 너희가 살길이며,

천심을 얻는 길이다."

13
엔키의 위대한 계획

먼 곳으로부터 멀리멀리 날아온 엔키는 아눈나키 무리를 이끌고 엔릴의 이기기를 상대로 원정 우주 전쟁을 벌였으나 참패했다.

황소자리 은하로부터 먼저 독립한 엔키의 은하(대범천)는 엔릴의 은하(제석천)보다 역사도, 덩치도 훨씬 더 길고 큰 은하였다.

우주 질서상 상징적으로는 형인 상급 은하였으나, 침공의 벌로 엔릴의 신생 수미세계(수메르, 태양계)에서 초기 황무지의 각 산(山, 행성)들의 자연을 개척하는 임무를 띠고 맨 먼저 슈루파크(목성)로 내려왔다.

정확히는 우주 협약을 위반하여 하계로 추방당해 노동을 강요당하였던 것이다.

엔키의 역할은 그가 데려온 아눈나키 무리와 슈루파크의 토박이 인간[작은 신(神)]들을 규합하여 그곳을 자연이 풍성한 낙원과 같은 곳으로 만드는 노동을 총지휘하는 일이었다.

명을 받은 엔키의 무리는 슈루파크로 내려왔고, 그곳의 인간(작은 신)들과 함께 임무를 열성적으로 수행하였다.

그즈음, 엔키 무리는 주 거처를 에리두(토성)에 두었으며 슈루파크를 오가며 노동일에 참여하였다.

아눈나키들은 문화적 차이로 그들의 언어에 적합한 명칭으로 산(행성)마다 달리 이름을 붙여서 부르고 있었다.

【참고】

○ 태양계의 서로 다른 표현

• 동양은 불교적 표현을 쓰고 서양은 수메르적 표현을 쓴다.

〈태양계 명칭 표현〉

태양계	명칭	수성	금성	지구	화성	목성	토성	천왕성	행왕성	무명성
수미세계	산(山)	-	-	니무쉬산	-	-	-	-	-	-
수메르	도시	-	바드티비라	니푸르	라르샤	슈루파크	에리두	-	-	-

• 불교에서는 지구 표면 위에서 수미산을 중심으로 하여 나머지 8개 산이 환형으로 배치되어 있는 것으로 인식하고 있으나 이 는 틀린 것이다.[65]

---

65) '불교의 수미세계' 참조.

그래서 도시 개념과는 비유하지 않았다. 다만, 지구를 섬(니무쉬산)으로 표시한 것은 『길가메시 서사시』의 내용 중에 나타나고 있기 때문이다. 서사시에서 처음으로 니푸르(지구)를 산(山)으로 표기한 이유는 우트나피쉬팀으로서는 알 수가 없었기 때문으로 보인다.

현대의 지구에서 태양계의 각 행성을 엔릴계인 동양은 산으로 지칭하고 있고, 엔키계인 서양은 도시로 부르는 것에서 엔릴계는 자연을 중시하는 자연주의이며, 엔키계는 개발을 우선시하는 도시주의임을 알 수 있다.

상계 인간[큰 신(神)]들의 고유한 문화적 특성이 그들 후손들에게 지대한 영향을 주는 것은 너무나 당연한 일이다.

자연주의 개념은 제 것을 지키려는 주인의 마음이 있으나, 개발주의 개념은 남의 것을 빼앗는 자들의 습성이 묻어 나온다.

수메르에서 초기 황무지 상태의 각 도시의 자연을 개척하는 임무를 받은 엔키는 오랜 세월 동안 고단한 신들의 노역을 대신할 사람을 만들 것을 안(아버지-상징적)과 여러 큰 신들에게 건의하였고, 안과 엔릴은 조건부로 허락하였다.
그 조건은 사람으로 하여금,『천부경(天符經)』에 나오는 다음과 같은 본성을 지니도록 하라는 것이었다.

昻明人中天地一

(앙명인중천지일)

: "창공과 별 사이에 생명체(인간)가 으뜸이니
이를 높이 여겨 빛나게 하라."

현대적으로 말하자면 로봇 권리장전과 같은 것이다.

그러나 사람을 만든 후의 엔키의 행보는 달랐다.
사람의 창조자로서 그들의 창조주로 추앙받게 된 엔키는
사람들을 거처인 에리두의 풍부한 지하자원을 개발하는
데 집중시켰다.[66]

이를 알게 된 엔릴은 치밀어 오르는 화를 끝내 참지 못하
고, 엔키에게는 무척이나 소중한 에리두로 쳐들어가서 무력
으로 제압하여 사람들을 니푸르로 데려와 강압적으로 노
역을 시켰다.

---

66) 엔키의 엔릴 침공 목적은 엔릴의 신생 수미세계의 풍부한 자원을 찬탈하
    는 것이었다.

수미세계의 자원은 어디까지나 그곳의 토박이이며 엔릴의 자식인 작은 신들의 몫이었으며, 수메르를 뛰어넘어 은하의 질서 유지를 위한 소중한 자원이 되어야 하기 때문이었다.

허나, 사람의 수가 점점 늘어나자 사람들은 슈루파크를 그들의 신(창조주)인 엔키의 뜻대로 개발하기 시작하였고, 세월이 흐르자 슈루파크는 고도의 과학 문명이 발달한 도시로 변모하여 그들에게는 최고의 복지 시스템이 있는 낙원과 같은 곳, 에딘이 되었다.[67]

어느덧 슈루파크의 과학 문명은 상계 큰 신들의 권위를 위협하는 수준에까지 이르렀다.

이는 달리 보면, 엔릴의 휘하에 있는 수메르에서 침범자의 씨들이 주인 노릇을 하려 드는 격이었다.
심지어 그들은 절대 금기시된 신들과의 성생활도 마다하지 않았다.

___

67) 유대민족의 성경에 나오는 에덴동산의 표본이다.

이들에게 위협을 느낀 엔릴은 수메르의 질서를 걱정하지 않을 수 없었고, 아버지 안과 여러 큰 신들을 모두 모아 대책 회의 끝에 엔키의 계획이 실패한 것으로 결론지었다.

뒤늦게 소식을 듣고 회의장에 도착한 엔키는 이의를 밝혔으나, 자격이 없음에 묵살을 당하고는 곧바로 뛰쳐나와 울부짖듯 소리쳤다.

"저들이 모두 다 죽이려 한다! 인간들을 피신시켜라!"[68]

근처에 있던 심복 우트나피쉬팀은 그 뜻을 알아채고는 탈출용 함선을 만드는 등 슈루파크의 인간들을 피신시킬 준비를 시작하였다.

그리고 결국 천지가 뒤틀리는 엄청난 일이 벌어졌다….

슈루파크를 빠져나온 우트나피쉬팀과 그 일행은 오랜 항해와 고초 끝에 한 섬인 니무쉬산(니푸르, *지구*)의 수밀이국으로 들어왔다.

---

68) 슈루파크의 인간들은 엔키의 지휘하에 있었으므로 엔키를 따르고 있었다.

우크나피쉬팀이 도착을 알리기 위해 불꽃을 쏘아 올리자 신호를 보고 다른 큰 신들이 모여들었다. 뒤늦게 도착한 엔릴은 이를 보고는 크게 화를 냈다. 예상치도 못한 일이었기 때문이다.

더구나 모인 자리에 이기기(목성의 작은 신)들이 있는 것을 보고는 격노하였다. 목성 사태의 발단은 작은 신들의 반란 때문이 아니었던가.

그러나 여러 큰 신들의 생명 중시의 설득과 위로에 엔릴은 어려운 허락을 하였고, 우트나피쉬팀과 무리는 그곳에 터전을 잡고 이름 붙이기를 수메르라 하였다.[69]

엔릴은 한 번 더 강조했다. **"앙명인중천지일(昻明人中天地一) 하라."**

어느덧, 여기에서 다시 상계의 왕권이 행사되었다. 사람들이 생겨나고 그 수가 불어나자 큰 신들은 고향으로 돌

---

69) 터 잡은 그곳을 수메르라 칭함은 단순히 잃어버린 고향에 대한 향수 때문만은 아니었다.

아갔다.

엔릴(환인천제, 제석천왕)은 엔키(대범천왕)에게 수미세계에서 가장 애착을 갖고 그가 직접 보살펴 온 니푸르가 엔키가 일군 슈루파크와는 분명히 다르다는 것을 보여 주고 싶었을 것이다.

때가 되었다.

생명의 정령으로
태초에 온 우주를 처음부터 창조하신 신(神)이신,
그 무엇 하나 포용하지 않은 것이 없는 신(神)이신,
어디에도 있지 않은 곳이 없는 신(神)이신,
모든 우주의 인간들의 진정한 신(神)이신 하느님,
우주의 본성이신 하느님,
우주의 섭리이자 질서이신 하느님이,

一終無終一

(일종무종일)

: "우주는 아무것도 없이 끝나는 우주이다."

이 사실을 결정할 그때까지 니푸르가 영원할 수 있음을 기대하면서 상계의 큰 신들은 고향 별로 올라갔다.

슈루파크의 참담한 실패를 겪고 니푸르에서 또 한 번의 기회를 획득한 엔키는 심복 우트나피쉬팀에게 무엇을 다짐했을까.

엔키의 모든 것을 지켜보았고, 엔키의 명을 수행한 자인 우트나피쉬팀(노아)은 후손들에게 무엇을 주문하였을까.[70]

오늘날 엔키의 후손들은 니푸르에 거대한 도시 국가들을 건설했다.

무고한 민족과 나라들을 잔인하게 침범하여 식민지화하고, 그 땅에서 발전을 명목으로 자연을 무분별하게 훼손하

---

70) 그리스 신화에서 엔릴은 제우스, 엔키는 포세이돈으로 나타나며, 불교 우주론에서 1은하에는 삼천대천의 수미세계 즉, 10억 개의 태양계가 있다. 엔릴(제석천왕)과 엔키(대범천왕)는 상계 인간들 중에서도 가장 말단 권력자인 셈이다. 이들 역시 그들의 진정한 신인 하느님의 피조물들이다. 하느님은 서양인들의 하나님과는 비교해서는 안 된다. 우리 민족이 예로부터 간직해 온 추상적인 경건함의 대상인 '하늘님'의 개념에 과거 선교사들이 그들 신에 대한 복종의 개념을 덧씌워서 만들어진 것이 서양인들의 하나님이다. 진의를 알 수 없는 교인들은 이런 혼돈 속에서 서양의 신 엔키를 하나님(유일신)으로 추종해 왔고, 추종하려고 하는 것이다. 순진한 이 땅의 사람들이 선으로 가장한 그들 선교의 꾀에 속았기 때문일까?

여 자원을 착취하고 부(富)를 축적했다.

애초부터 엔릴의 명령 따위는 안중에도 없었던 엔키는
그의 심복 우트나피쉬팀에게 니푸르에 도시 국가를 건설할
것을 다짐했던 것이다.

즉, 슈루파크에서 이루었던 영화를 니푸르에 다시 한번
더 부흥시킬 것을 명령하였던 것이다.

우트나피쉬팀의 후예들이 만든 종교 서적을 보면 이를 알
수 있다.

베레무트(성경) 주기도문에 나오는 대목이다.

> "아버지의 뜻이 하늘에서 이루어졌듯이, 땅에서도
> 이루어 지소서."

지구보다 열 배나 더 큰 목성에서 일구었던 그들의 에딘
(낙원)은 거대한 도시 국가였다. 또한, 완전한 복지 시스템이
있는 과학 문명이 고도화된 곳이기도 했다.

은하 침공의 별로 수메르 각 도시의 자연을 가꾸라는 상계 큰 신들의 명을 무시하고, 오히려 슈루파크에서 자연을 비참하게 훼손하고, 인간[작은 신(神)]을 잔인하게 희생시켰으며, 엔키의 창조물인 사람(목성인)만을 위한 다락하여 절멸한 세상을 이제 니푸르에서 다시 한번 부흥시킬 것을 각인시키고 있는 것이다.

『삼일신고(三一神誥)』의 세계훈(世界訓)에서는 이렇게 말한다.

神 呵氣包低 煦日色熱 行翥化遊栽物 繁殖
(신 가기포저 후일색열 행저화유재물 번식)

: "신께서 기운을 불어넣어 땅속 깊이까지 감싸고, 햇볕과 열로써 따뜻하게 하여, 걷고, 날고, 허물 벗고, 헤엄치며, 땅에서 나는 모든 것이 번성하였다."

이렇게 창조된 모든 인간을 귀히 여기며 보호하라는 것이 『천부경(天符經)』의 가르침이었으나, 그들은 의도적으로 '인간'이라는 개념의 본래 가치를 실추시키며, '인간'이 곧 '사람'의 또 다른 표현인 것처럼 그들이 만든 과학적 종 분류의 명분으로 변질시킴으로써 『천부경(天符經)』의 핵심 가치인 '앙명인중천지일(昻明人中天地一)'의 '인(人, 人間)'을 사람과 단일시해 버렸다.

성경의 창세기 천지창조 26~28절에는 이렇게 나와 있다.

"하나님이 이르시되 우리의 형상에 따라 우리의 모양대로 우리가 사람을 만들고 그들로 바다의 물고기와 하늘의 새와 가축과 온 땅과 땅에 기는 모든 것을 다스리게 하자 하시고 하나님이 자기 형상 곧 하나님의 형상대로 사람을 창조하시되 남자와 여자를 창조하시고 하나님이 그들에게 복을 주시며 하나님이 그들에게 이르시되 생육하고 번성하여 땅에 충만하라. 땅을 정복하라. 바다의 물고기와 하늘의 새와 땅에서 움직이는 모든 생물을 다스리라 하시니라."

이처럼 인간(생명체)을 한낱 하등의 존재로 전락시켜버리고, 종 구분으로 동식물이나 미물 등으로 사람들에게 그 개념을 고착화시켜버렸다.

원하면 언제든지 이용하고, 사용해도 된다는 신의 허락

처럼 속인 것이다.

이것은 엔릴의 니푸르에서는 있을 수 없는 일이다.

그리고 그 결과는 불을 보듯 뻔한 것이었다.

오늘날 자연 훼손(생태계 파괴, 인간 살생)에 대한 양심적 죄책감을 벗어버린 사람들은 끊임없는 물질에 대한 욕망으로 전 지구에 거대한 도시 국가들을 만들어 가고 있다.

마치 슈루파크의 영화가 다시 꽃피는 듯하다.

"나는 넓은 땅 위로 올라가는 거대한 폭풍이며, 위대한 땅의 주인이다. 나는 모든 통치자의 지배자이며, 모든 외국 땅의 아버지다."[71]

그들의 하나님인 엔키의 외침은 후손들의 종교 속에서 성스러운 과업이 되었다.

"땅을 정복하라."[72]

---

71) 『길가메시 서사시』 중 엔키의 독백.

72) 이것은 혹 지구를 식민지화하라는 것일까?

오늘날의 편리하고 달콤한 과학 문명의 산물을 이제는 쉬이 버릴 수 없게 되었고, 오히려 이를 유지하기 위해서 사람들의 끝없는 개발과 발전을 향한 기상은 꺾일 기미가 없어 보인다.

NASA의 어느 과학자의 말처럼, 이제 지구도 돌아오지 못할 다리를 건너버린 것일까.

약소국은 그들이 만든 경제 이론의 틀에 갇혀 물질문명의 성장 지표인 경제 성장률을 자랑으로 삼고, 또 그것을 평가받는다.

그들은 부에 집착시키고, 부로 구속시킨다.

문제는 그만큼 지구의 인간(작은 신)들은 사라지고, 우주에서 태양계의 평형을 지키기 위한 지구의 본성이 되는 환경 용량은 치우치게 된다는 점이다.

다시 말해서, 태양계의 균형이 깨어져 만왕만래용변(萬往萬來用變)에 심각한 문제가 생긴다는 것이다.

그들은 거짓과 허위를 은폐시키기 위해 종교를 만들어 진실인 것처럼 하였고, 과학이라는 고정화된 의식 상자에 영혼을 가두어 버렸다.

과학과 종교를 서로 반목하는 개념으로 대립시켜 의심을 피했으며, 신으로부터 도저히 용서받을 수 없었던 죗값으로 파괴되어 절멸한 선조들의 비운의 역사를 숨기기 위해 지구인을 우주의 맹아로 만들어 버렸다.

반목하는 이념을 만들어 사람들을 증오와 분노로 양분시켜 피 터지게 싸우게 하고 또 속박했다.

그리고는 그들 신의 속성대로 다른 민족들을 무참하게 침범하여 이를 각인시키며 오늘에 이르렀다.

그 땅에서 착취하여 얻은 힘으로 정치라는 재단이 잘 된 구속 장치를 만들어 이민족을 속박하고, 부(사유 재산 제도)라는 향기로움을 덧씌워 사람들을 그들의 탐욕스러운 엄청난 부를 축적하는 데 사용할 단순 노동자로 전락시켜 버렸다.

사악한 종교는 신이 심판한다는 허황된 거짓으로 사람들을 빨간 상자에 가두어 두려움으로 속박하고, 아무것도 모른 채로 추종하는 어리석은 추종자들의 피 같은 부를 갉아먹었다.

'앙명인중천지일(昂明人中天地一)'의 핵심은,
'천심을 터득하는 데 있다.'

비록, 아무것도 알 수는 없어도 성심껏 행하면 저절로 터득되는(깨우치는) 비법을 환인상제께서 아들 환인천제(땅에서는 환웅천왕)를 통하여 알려주는 하늘의 가르침이다.

석가모니는 모든 것은 법(수행 방법)을 통하되, 스스로 깨우치면 그 법이 부질없는 것이라고 했다.

수행만이 득도할 수 있는 것은 아니라는 말이다.

신은 심판하지 않으며, 무리 짓지 않는다.

우주 속에서 각각의 개체가 되는 사람 스스로가 우주의 질서에 따라 본성에 충실한 만큼 변해갈 뿐이다.

『천부경(天符經)』은 다음과 같이 말한다.

一妙衍萬往萬來用變

(일묘연만왕만래용변)

: "우주(태양계)는 별들 사이에 수만 가지의 기운이

기이하게 서로 흘러 변하면서 쓰인다."

하느님의 입장에서는 개개인의 사람은 우주의 소중한 자원이자 자식인 것이다.

영생자 우트나피쉬팀은 지금도 살아 있어 후손들과 함께 고향 별로 돌아갈 것을 염원하고 있을까.

그의 신 엔키의 명령을 후손들에게 철저히 수행할 것을 독려하면서 돌아갈 날만을 손꼽아 기다리는 것은 아닐까.

어디에선가 꿈과 같은 고향으로 향할 거대한 우주 함선을 이미 만들어 놓고 때만 기다리고 있는 것은 또 아닐까.

가끔 할리우드 영화를 보면 지구 탈출의 유사한 장면들이 제법 등장한다. 이것이 그들의 간절한 심리를 표현한 것으로 보이는 느낌은 무엇 때문일까.

그리고 꼭 지구의 재난 속에서 탈출하듯, 그들은 떠날 때 지구의 멸망을 정녕 바라는 것일까.

주인이며 신인 엔키의 처절한 패배를 너무나 잘 알고 있을 우트나피쉬팀에게는 이제 엔릴의 니푸르에서 슈루파크

의 처참함과 같이 엔릴에게 되갚아 주는 것이 그가 신과의
다짐을 완성하는 것이리라.

니푸르에서 다시 한번 타락하여 절멸한 슈류파크와 같은
도시 국가의 악(惡)을 세우는 것이다.

떠나면 그만인 이방인들은 남길 것도, 미련도 없으리라.

【환인천제의 금기사항】

○ 지구에서는

"그곳은 너무 지나치게 말하는 사람의 목숨을 단축해 버린다.
속임수, 반목하는 언사, 적개심, 상스러운 말이나 행동, 학대,
부도덕, 범죄, 곁눈질, 폭행, 중상모략, 오만, 방자한 언사,
이기주의, 거만은 가증스러운 것이기 때문에 이곳에서는
허용되지 않는다. 사악한 자나 부도덕한 자는 독수리[73]의
지배에서 벗어나지 못한다."

---

73) 독수리: 해 누리를 관장하는 사자. 즉, 태양신이다.

14
자연이란

들기만 해도 행복해지는 단어. 그 속에서 생겨난 사람,
온 삶의 터전이며, 우리들의 육신이 돌아갈 고향인 자연.

자연이란 무엇일까.
간략하게 표현해 본다.

一始無始一
(일시무시일)

: "아무것도 없이 시작한 우주에서,"

中化震盪

(중화진탕)

: "중앙의 거대한 에너지가 폭발하여,"

析三極

(석삼극)

: "창공과 별과 생명체가 생겨났으며,"

大三合育生七

(대삼합육생칠)

: "태양계 창공에서 여섯별과 생명체가
상호 변화의 조화로 지구가 생겨났고,"

運三四成環七

(운삼사성환칠)

: "토성과 천왕성이 대기를 정화하여
지금의 환경을 만들었다."

用變不同本

(용변부동본)

: "온갖 형태와 형상으로 변하면서 쓰이나,

그 바탕의 에너지는 변할 수 없다."

天二三 地二三 人二三

(천이삼 지이삼 인이삼)

: "창공이 생명체요, 별도 생명체며,

사람 또한 생명체에 속한다고 하였으니,"

자연은 생명체로서 인간이며, 신성한 우주의 에너지이다.

동일한 에너지를 가진 사람도 자연을 접할 때는 파장이 일치되므로 행복감을 느낄 수 있는 것이다.

물질문명에서 자연의 빛이 바랜 도시에서의 삶에 지친 사람들이 숲을 찾아 산으로 가고, 물을 찾아 바다나 계곡으로 가는 이유는 우주의 에너지이며 영혼의 향취인 천심을 충전하기 위해서이다.

누가 뭐라 해도 자연보호는 현생이나 빛나는 다음 생에 대한 확실한 투자이다.

뭇 생명과 우리의 후손들이 공유해야 할 생명 에너지를 지금의 사람들이 오로지 그들의 편의를 위해 서둘러 허비해 버려서는 안 될 짓이다.

15

색즉시공 공즉시색

색즉시공(色卽是空) 공즉시색(空卽是色)은 『반야심경』에 나오는 글귀이다.

녹도문의 『천부경(天符經)』을 범어(산스크리트어)로 번역한 것을 다시 한자로 옮겨 적으며 쓰인 글귀이다.

무슨 의미일까?

풀이하면 다음과 같다.

色卽是空

(색즉시공)

: "보이는 것은 곧 보이지 않는 것이다."

혹자는 공(空)을 무(無)의 개념으로 보아 "보이는 것은 사라져 없어진다."라고 하는 경우도 있지만, 그것은 틀린 것이다.

뒤이어 오는 글귀를 보자.

空卽是色

(공즉시색)

: "보이지 않는 것은 곧 보이는 것이다."

사라져 없어지는 것이 아니다. 이는 다음과 같은 의미이다.

色不異空空不異色

(색불이공공불이색)

: "보이는 것은 보이지 않는 것과 다르지 않으며,
보이지 않는 것은 보이는 것과 다르지 않다."

원문은 '색불이공공불이색(色不異空空不異色) 색즉시공공즉시색(色卽是空空卽是色)'이다.

그런데 같은 의미를 왜 이렇게 썼을까?

그것은 지구가 물질세계이기 때문이다.

물질세계에 사는 사람의 눈은 물질만 볼 수 있다는 한계
를 가지고 있기 때문에 비물질세계에 대한 믿음을 확신하
기 어렵다. 그래서 "A는 B이다."라는 은유법을 사용한 것
이다.

이는 곧 『천부경(天符經)』 중 다음과 맥락을 같이한다.

天二三 地二三 人二三

(천이삼지이삼인이삼)

: "창공도 생명체요, 별도 생명체이며,

사람 또한 생명체이다."[74]

사람들이 수양을 하거나 참선을 하는 것은 이 비물질에
대한 개념을 확장시키기 위함이다.

---

74) 창공은 비물질세계이다.

당연히 비물질은 비물질세계에 포함되어 있다.

그러한 한계적 여건에서 색(色)을 풀이하면, 색(色)은 물질이다.

그러면, 공(空)은 무슨 뜻일까?

『천부경(天符經)』에 바로 나타나 있다.

本心本太陽

(본심본태양)

: "근본의 본성은 태양이 근원이다."

바꾸어 말하면, "우주의 역사는 태양에너지가 그 바탕이다."

공(空)은 에너지이다.

결과적으로, 색즉시공(色卽是空) 공즉시색(空卽是色)은, "물질이 곧 에너지며, 에너지는 곧 물질이다."가 된다.

이렇게 보면 누군가는 익숙한 느낌이 있을 수 있다.

양자 이론에 관심 있는 사람들이 좋아할 만한 글귀다.

실제로 이론을 설명하는 과정에서 많이 나타나고 있다.[75]

본 글귀는 단순히 상(相, 상태)의 변화만을 의미하는 것이 아니며, 그 상(相)이 가진 포괄적인 개념이 같이 내재되어 있다. 즉, '색(色)이란 물질이며, 나아가 그 물질이 존재하는 공간'을 뜻하는 것이다.

이는 수미세계의 색계와 같은 의미이며, 물질세계를 뜻한다.

그리고 '공(空)이란 에너지이며, 나아가 그 에너지가 충만한 공간'을 뜻한다.

이는 수미세계의 무색계와 같은 의미이며, 영적세계이다.

본 장에서는 불교 개념에 국한하고 있으며, 불교에서는 해석 범위가 거의 사람을 대상으로 하고 있기 때문에 '색즉시공(色卽是空) 공즉시색(空卽是色)'을 그에 맞게 축약하여 풀이하면 다음과 같다.

---

75) 이것이 양자 이론의 한계이자 과학의 한계이다.

"물질세계의 현상에만 집착하지 말고,

영적세계의 에너지를 충만히 하라."

달리 표현하면 다음과 같다.

"삶의 공간에서 나타나는 모든 번뇌를 버리면, 의식
의 공간인 온전한 곳에 들어 생명력이 커진다."[76]

이 모두는 『천부경(天符經)』의 일묘연만왕만래용변(一妙衍
萬往萬來用變)에 고스란히 들어 있는 개념이다.

색즉시공(色卽是空) 공즉시색(空卽是色)은, 그 옛날부터 본
성을 잃어버린 사람들이 오로지 물질에만 집착하여 영혼
(정기)이 황폐해진 사실조차도 모른 채 살아가는 것을 경계
하면서, 유한 생명의 끓어오르는 물욕의 덧없음을 알려주
고, 번뇌로 가득한 삶의 공간에서 현명하게 살아갈 수 있는
방편을 일러주고 있다.

---

76) 그 옛날에 신선, 고승들이 날아다녔다는 우화가 이의 비슷한 개념이 될
수 있겠다.

<u>16</u>
섭리

꽃이 아름답다고만 벌은 찾아들지 않고,

벌은 부지런하여 이 꽃, 저 꽃 헤매지 않는 것은.

아침이슬이 해를 반기며 사라져 주고,

해는 또 달을 맞으며 자리를 비켜주는 것은.

봄이 부르는 여름이 있고,

가을은 여름을 보내기 위해 있는 것은.

아픔은 기쁨이 있기에 아픔일 수 있고,

기쁨은 아픔이 있으므로 존재하는 것은.

나는 네가 있기에 나라 할 수 있고,

너는 나를 통해 너라 할 수 있는 것은.

밝음은 어둠 때문에 밝음일 수 있고,

어둠은 밝음 때문에 이름 지어지나니.

도대체 무슨 조화일까.

그 능력이 얼마나 크기에,

깊고 깊은 저 창공에는 무엇이 있길래,

이리도 많은 비밀을 간직하고 있을까.

17
손님과 주인

지평선 너머 수평선 끝까지

다 가 볼 수만 있으면,

그곳에서 잉태하여 숨 쉬는 생명에게

묻고 싶은 딱 한 가지는,

예 머물러 있음이 사람 때문인가?

코끼리도, 고래도

아무 말 없으면,

그저, 미숙한 건 사람일 뿐이고.

18

비너스*(신과의 관계)*

흙 속 한 티끌은
도공의 부드러운 어루만짐에
만능 탤런트가 된다.

발레리나도 되고
광대도 되고
두더지도 되었다가
똥 돼지도 되었다가
가끔은 아름드리 소나무도 되어 본다.

내일은 무엇이 될까.
티끌은 알 수가 없기에
오늘은 비너스가 되어 화려한 자태를 뽐내고 있다.